PREMIÈRES NOTIONS

D'AGRICULTURE

A L'USAGE

DES ÉCOLES PRIMAIRES

PAR

V. BARILLOT

INGÉNIEUR AGRONOME
PROFESSEUR DÉPARTEMENTAL D'AGRICULTURE

COURS ÉLÉMENTAIRE

PARIS

LIBRAIRIE CLASSIQUE EUGÈNE BELIN

BELIN FRÈRES

RUE DE VAUGIRARD, 52

—

1898

Tout exemplaire de cet ouvrage non revêtu de notre griffe sera réputé contrefait.

SAINT-CLOUD. — IMPRIMERIE BELIN FRÈRES

AVERTISSEMENT

———

L'*Instruction ministérielle* du 4 janvier 1897 a établi le programme de l'enseignement agricole à l'école primaire. Cet enseignement comprend des notions de sciences avec leurs applications à l'agriculture; il commence avec le cours moyen.

Dans le cours élémentaire, « les leçons de choses sont la continuation de celles qui ont été détaillées pour la classe enfantine et l'école maternelle (règlement du 18 janvier 1887); au point de vue agricole, on demande simplement que les choses du jardin soient mises à contribution comme celles de la classe. »

Mais dans les écoles rurales, l'instituteur peut faire à ses élèves du cours élémentaire un certain nombre de leçons de choses sur les travaux des champs, les plantes cultivées, les instruments aratoires, les animaux domestiques, la basse-cour, etc., et préparer ainsi les jeunes enfants à l'étude du programme du cours moyen.

Dans le présent ouvrage, nous avons réuni et développé des notions d'agriculture que l'instituteur peut traiter sous la forme de leçons de choses. Lorsqu'il aura exposé la leçon, ses élèves la retrouveront dans leur livre, elle sera lue par eux et appliquée par le maître, puis suivie de l'exercice oral qui l'accompagne.

Nous pensons que les enfants qui auront étudié ces leçons pourront entreprendre avec fruit l'étude des *Notions de sciences avec leurs applications à l'agriculture*[1], ouvrage destiné aux élèves qui se préparent à l'examen du Certificat d'études primaires.

.V. B.

---

1. *Notions de sciences avec leurs applications à l'agriculture*, à l'usage des écoles primaires, cours moyen et supérieur, par V. Barillot; librairie Belin frères, 1 fr. 50.

PREMIÈRES NOTIONS D'AGRICULTURE

PREMIÈRE PARTIE

LES TRAVAUX DU CULTIVATEUR

I. — L'agriculture.

Enfant, le pain que tu manges est préparé avec de la farine; cette farine provient des grains de blé que le laboureur a récoltés en cultivant la terre.

C'est la terre qui nous nourrit. Elle produit non seulement le blé, mais les légumes de toutes sortes, les arbres couverts de fruits savoureux.

Elle produit aussi les betteraves dont on extrait le sucre que nous consommons ; les grains et les herbes de nos prairies dont s'alimente la vache ; celle-ci nous donne son lait avec lequel on prépare le beurre et le fromage.

Les grains et les herbes permettent

au cultivateur d'élever et d'engraisser
les animaux dont nous mangeons la
viande, ou que nous utilisons pour leur
travail.

Enfant, les vêtements qui te préservent du froid pendant l'hiver ont été
tissés avec la laine des moutons ; c'est
encore la terre qui produit les herbes

Fig. 1. — L'agriculture.

ou les grains pour entretenir les trou-
peaux.

Mais lorsque la terre n'est pas cultivée, elle devient stérile ; elle se couvre
de plantes sauvages qui sont inutiles
pour nous.

Il faut la travailler sans cesse pour

en obtenir tous les produits qui nous font vivre.

Celui qui cultive la terre s'appelle *cultivateur* ou encore *agriculteur;* il exerce la plus utile des professions, puisqu'il travaille pour nous procurer nos aliments. Son art, souvent très difficile, se nomme *agriculture.*

L'agriculture est l'art de cultiver la terre.

Mots à expliquer : farine, grain, graine, herbe, prairie, tisser, troupeau, art.

Exercice oral. — D'où provient la farine? — Où transforme-t-on le blé en farine? — Qu'est-ce qu'on appelle son? — A quoi utilise-t-on le son? — Citez quelques légumes; — quelques fruits. — A quel moment les récolte-t-on? — Quels sont les animaux dont nous mangeons la viande? — Quels sont ceux que nous utilisons pour leur travail? — Qu'appelle-t-on un troupeau? — Comment nomme-t-on celui qui conduit un troupeau? — Le berger peut-il seul garder les moutons? — Avez-vous vu une friche? — La surface de votre commune est-elle toute en culture? — Citez des surfaces qui ne sont pas en culture : (bois, étangs, cours d'eau, routes et chemins). — Que représente la gravure?

II. — Les semailles d'automne.

Le blé, qui sert à produire le pain, se sème à l'automne, au mois d'octobre.

A cette époque, la terre a été dépouillée de ses principaux produits ; les champs sont dénudés ; on termine la récolte des betteraves et celle des pommes de terre, et déjà il faut songer à l'année prochaine.

C'est le temps des semailles. Le ciel est brumeux, les matinées sont froides, et pendant que tu dors encore dans ton lit bien chaud, enfant, le laboureur est parti de bon matin avec son attelage.

Lorsque la terre a été bien préparée et bien nettoyée de toutes les mauvaises herbes, on y sème les grains de blé.

Fig. 2. — Le semeur.

Le laboureur répand sur le sol les grains à pleines poignées (*fig.* 2) ; il en faut deux cent cinquante litres à l'hectare ; on les enterre ensuite à la charrue ou à la herse. Cette manière d'opérer s'appelle le semis à la volée.

Dans les grandes fermes, on se sert, pour semer le blé, d'un semoir mécanique, qui dispose les grains en lignes (*fig.* 3); il faut seulement cent cinquante litres de semence par hectare.

Fig. 3. — Le semoir mécanique.

Le blé lève huit ou quinze jours après le semis et, à la veille de l'hiver, il couvre le champ d'un beau gazon vert.

Mais le froid survient bientôt et arrête la vie dans les plantes; les arbres

1.

perdent leurs feuilles ; la campagne prend un aspect triste. Puis la neige recouvre la plaine d'un blanc manteau et préserve les blés des fortes gelées.

Au printemps, les blés reverdissent et continuent à croître jusqu'au mois de juillet, époque de la moisson.

Mots à expliquer : dénudé, attelage, hectare, ferme, semoir mécanique, le blé lève, gazon.

Exercice oral. — A quoi sert le blé? — A quel moment le récolte-t-on? — Quelles sont les récoltes que l'on fait en juin? — en juillet? — en octobre? — Avez-vous vu des betteraves? — des pommes de terre? — A quoi sont utilisées les pommes de terre? — Quel est l'aspect de la campagne à l'automne? — Prépare-t-on la terre pour y semer le blé? — Pourquoi? — Comment sème-t-on le blé? — Combien emploie-t-on de semence à l'hectare? — Comment se présentent les champs de blé avant l'hiver? — La neige est-elle utile aux blés? — Quel est l'aspect des champs de blé en avril? — en juillet? — Questions sur les gravures.

III. — Les travaux de printemps.

Le cultivateur s'est reposé pendant l'hiver.

Mais voici le printemps. Fais une promenade dans la campagne, enfant, et regarde autour de toi.

Tout se réjouit dans la nature. Les arbres et les plantes gonflent leurs bourgeons ; ceux-ci se développent en rameaux qui bientôt seront couverts de feuilles et de fleurs. Les oiseaux sont revenus avec leurs chants joyeux; l'alouette appelle le laboureur dans les guérets.

Il faut reprendre sans tarder le travail de la terre. Pendant le mois de mars, les mauvais temps sont encore fréquents; mais le bon cultivateur ne craint pas les giboulées; il sème ses avoines et ses orges.

L'avoine et l'orge sont semées à la volée; on répand de 200 à 250 litres de grain par hectare. C'est dans ces deux céréales que l'on sème la luzerne, le sainfoin, etc.; ces dernières plantes, qui vivent plusieurs années, se développeront en même temps que l'avoine et l'orge, et couvriront le sol après la moisson.

Lorsque les semailles de printemps sont terminées, le cultivateur effectue le roulage des champs de céréales.

Le travail ne manque pas du reste; il faut tailler la vigne et les arbres fruitiers. Dans le jardin potager, la ménagère pratique les semis des principaux légumes : les choux, les laitues, les oignons, les petits pois hâtifs; et, un peu plus tard, les carottes, les radis, les navets, les haricots.

En avril, le cultivateur plante les pommes de terre; puis, en mai, il sème les betteraves, les carottes.

A cette époque, les oiseaux construisent leurs nids; les champs et les bois sont couverts de verdure; les arbres des vergers, les poiriers, les pommiers, les pruniers, les cerisiers sont parés de fleurs blanches comme la neige : avril et mai sont les deux plus beaux mois de l'année.

Fig. 4. — Au printemps, les oiseaux construisent leurs nids.

Mots à expliquer : nature, bourgeon, rameau, feuille, fleur, alouette, guéret, giboulée, céréale, roulage, jardin potager, légume.

Exercice oral. — Citez les oiseaux que vous connaissez. — Quels sont ceux qui restent dans nos régions pendant l'hiver? — Dites ce que vous savez sur l'alouette. — Qu'appelle-t-on guéret? — A quoi sert l'avoine? — A quoi sert l'orge? — Quel est l'aspect de la campagne au mois de mars? — au mois d'avril? — au mois de mai? — Citez quelques céréales? — A quoi est utilisée la luzerne? — le sainfoin? — Avez-vous vu un rouleau? — Quand le cultivateur se sert-il de cet instrument? — Que fait-on des betteraves? — des carottes? — des pommes de terre? — Citez quelques arbres du verger. — Comment obtient-on le cidre? — Citez les principaux légumes que vous connaissez. — A quoi servent-ils? — Que représente la gravure?

IV. — **La fenaison.**

Pendant la belle saison, les animaux domestiques peuvent vivre dans les pâturages (*fig.* 5) ; mais, en hiver, lorsque toute verdure a disparu, ils sont nourris à l'écurie ou à l'étable.

Chaque année, vers la fin de juin, le cultivateur fait une provision d'aliments pour

Fig. 5. — Le pâturage.

ses animaux. Ces aliments sont les plantes des prairies que l'on fait sécher au soleil et qui forment ce qu'on appelle le fourrage ou le foin.

Le temps de la récolte des fourrages se nomme la fenaison (*fig.* 6).

Au lever du soleil, à quatre heures du

matin, le faucheur est déjà dans le pré;
il fauche en andains les herbes drues gar-
nies de gouttes de rosée.

Vers neuf heures, quand le soleil a fait
disparaître la rosée, les faneurs et les fa-
neuses arrivent avec leurs fourches et leurs
râteaux ; ils éparpillent le foin sur le sol

Fig. 6. — La fenaison.

pour le faire sécher. Il faut souvent le retourner plusieurs fois dans la journée. Pendant ce temps, le faucheur continue son
pénible labeur sous un soleil ardent.

A midi, la chaleur est suffocante; chacun
prend un peu de repos à l'ombre des saules
ou des peupliers : c'est le moment de la
sieste.

Puis tout le monde se remet au travail
avec gaieté. Car il faut se hâter; si un orage

survenait, le foin serait mouillé et il perdrait de sa qualité.

Aussi vers la fin du jour, on réunit le foin en petits tas ou meules. Et le lendemain, on le charge sur des charrettes ou des chariots, attelés de chevaux ou de bœufs. Puis, on le rentre dans les fenils ou les granges :

Fig. 7. — Faucheuse mécanique.

c'est là qu'on le conserve jusqu'au moment où il doit être consommé.

Le fanage de la luzerne, du trèfle et du sainfoin demande de grandes précautions, car ces plantes perdent facilement leurs feuilles, c'est-à-dire leurs parties les plus nutritives. Il faut aussi éviter de laisser mouiller par les pluies les fourrages que donnent la luzerne, le trèfle et le sainfoin.

Les cultivateurs qui possèdent beaucoup de prairies coupent leur récolte avec une faucheuse mécanique, traînée par des chevaux (*fig.* 7).

Mots à expliquer : la belle saison, pâturage, écurie, étable, andain, herbes drues, rosée, labeur, sieste, meule, fanage, faucheuse mécanique.

Exercice oral. — Dites ce que représente la figure 5 ; — la figure 6. — Avez-vous vu faucher les prés? — Pourquoi le faucheur se sert-il d'une enclume? — Avez-vous déjà fané? — — Quels sont les outils dont se sert le faneur? — Pourquoi éparpille-t-on le foin sur le sol? — Comment s'appellent les petits tas de foin? — Pourquoi réunit-on le foin en petits tas? — Quelle différence faites-vous entre une charrette et un chariot? — Les chevaux et les bœufs sont-ils attelés de la même manière? — Qu'arrive-t-il quand le foin est mouillé pendant le fanage? — A quoi est utilisé le foin? — Avez-vous vu de la luzerne? — du trèfle? — du sainfoin? — Pourriez-vous indiquer en quoi ces trois plantes sont différentes? — Comment les récolte-t-on? — Pourquoi leur fanage exige-t-il plus de précautions que celui des herbes des prés? — Quel est l'aspect de la campagne au moment de la fenaison?

V. — La moisson.

La moisson est le temps de la récolte des céréales. Elle commence en juillet et dure un mois environ.

A cette époque, les champs de céréales, mûris par le soleil, forment dans la plaine de grandes nappes dorées; la brise balance les épis et fait onduler les blés.

On récolte successivement le seigle, le blé, l'avoine et l'orge. Aussitôt que le travail est commencé, il ne faut pas se retarder, car lorsqu'on laisse trop sécher les épis sur pied, ils s'égrènent facilement; de plus, un orage accompagné de grêle peut détruire la

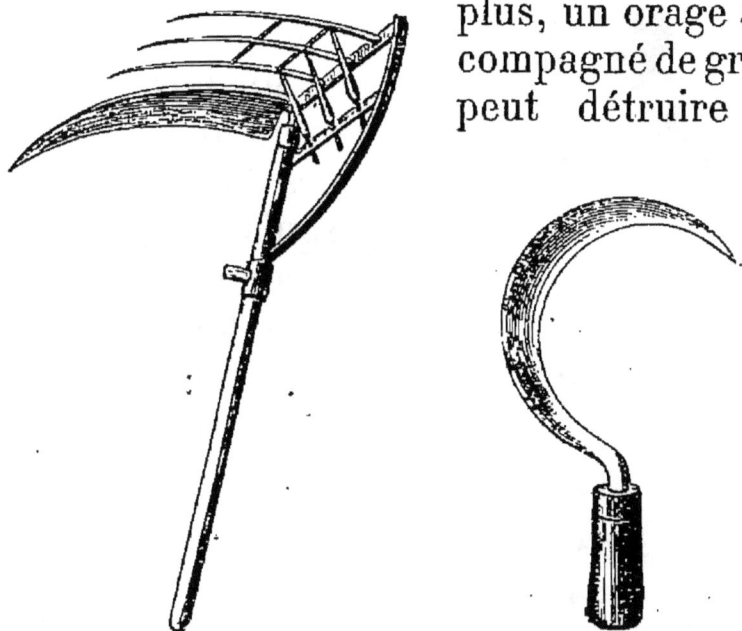

Fig. 8. — Faux et faucille.

récolte. Aussi les moissonneurs ont-ils de grandes fatigues à supporter; ils partent avant le jour et ils ne quittent les champs qu'après le coucher du soleil.

Autrefois, on coupait les blés à la faucille. Cet instrument a été remplacé par la faux à râteau qui permet de faire le travail plus rapidement (fig. 8).

Le faucheur est suivi d'un aide, ou ra-

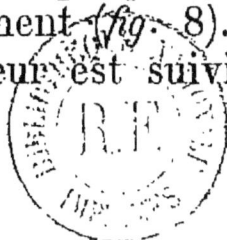

masseur, qui réunit les tiges coupées en petites brassées qu'on appelle des javelles.

Les javelles sont ensuite liées en bottes ou gerbes ; celles-ci sont réunies en tas qu'on appelle moyettes (*fig*. 9). Les moyettes restent une dizaine de jours dans les champs jusqu'à ce que le blé soit complètement sec.

Fig. 9. — Moyette.

On rentre les gerbes dans les granges ou on en fait des meules (*fig*. 10): c'est ainsi qu'on les conserve jusqu'au moment du battage.

Dans les grandes cultures, on emploie, pour faire la moisson, des machines perfectionnées qui coupent le blé, le disposent en javelles et même le lient en gerbes ; ces machines, qui sont traînées par des chevaux, s'appellent des moissonneuses.

Fig. 10. — Meule.

Mots à expliquer : moissonneur, faucheur, brassée, javelle, gerbe, moyette, grange, meule, battage, machine perfectionnée, moissonneuse.

Exercice oral. — A quel moment s'effectue la moisson ? — Combien de temps dure-t-elle ? — Citez quelques céréales. — A quoi sert la paille de seigle ? — les grains de seigle ? — les pailles de blé, d'avoine et d'orge ? — Comment utilise-t-on le blé ? — l'avoine ? — l'orge ? — Pourquoi ne faut-il pas trop attendre pour couper les blés ? — Avez-vous vu la grêle tomber ? — Comment coupe-t-on les céréales ? — Que fait-on lorsqu'elles sont coupées ? — Comment conserve-t-on les gerbes ? — Avez-vous vu des meules de blé ? — Avec quoi sont-elles couvertes ? — Pourquoi ? — Avez-vous vu une grange ? — Que met-on dans la grange ? — Dites quel est l'aspect de la campagne avant la moisson ; — après la moisson.

VI. — La vendange.

Enfant, nous voici en septembre, le mois des vacances. Les grandes chaleurs de l'été sont passées ; la température est plus douce et les promeneurs sont nombreux dans la campagne.

C'est la saison des fruits ; on récolte les pommes, les poires, et les raisins qui vont donner le vin nouveau.

La cueillette des raisins dans les vignes s'appelle la vendange (*fig.* 11).

Toute la famille du vigneron est occupée à ce travail ; les vieillards, les enfants même se rendent gaiement à la vigne. Dans les coteaux et les vallons, ce ne sont que des rires et des cris de joie pendant les belles journées de la vendange.

Lorsque la rosée du matin a disparu, on coupe les grappes pour remplir les paniers.

Fig. 11. — La vendange.

Puis on verse les paniers dans des hottes que les hommes portent derrière leur dos pour les vider dans des tonneaux (*fig.* 12). Pour obtenir de bon vin, il ne faut couper que des grappes bien mûres, sans grains pourris, desséchés, ou gâtés par les maladies.

Fig. 12. — Le tonnelier fabrique les tonneaux.

Le soir, les charrettes ramènent au village les tonneaux pleins de raisins que l'on verse dans la cuve.

On extrait le jus des raisins au moyen d'un pressoir (*fig.* 13).

Le jus des raisins s'appelle le moût; il est très sucré; lorsqu'il a fermenté, il est transformé en vin.

Fig. 13. — Le pressoir.

Les raisins blancs, dorés par le soleil, doivent être pressurés aussitôt après la cueillette; le moût fermente dans les tonneaux; il donne le vin blanc.

Les raisins rouges, d'une belle couleur vermeille, sont foulés dans la cuve où ils restent pendant plusieurs jours, jusqu'à ce que la fermentation soit terminée; on les pressure ensuite.

Le gaz qui s'échappe du moût pendant la fermentation peut nous asphyxier.

Mots à expliquer : température, vin nouveau, coteau, vallon, grappe, panier, hotte, tonneau, cuve, pressurer, fermentation, gaz, asphyxier.

Exercice oral. — Aimez-vous le mois de septembre? — Pourquoi? — Dites ce que représente la figure 11. — Avez-vous déjà fait les vendanges? — Racontez comment on procède. — Le travail des vendangeurs est-il aussi pénible que celui des moissonneurs? — Pourquoi? — De quel outil se sert-on pour couper les grappes? — Faut-il cueillir des raisins pourris ou gâtés? — Avec quoi sont confectionnés les paniers? — les hottes? — les tonneaux? — Comment sont construites les cuves? — Qu'appelle-t-on moût? — Expliquez comment on fait le vin blanc; — le vin rouge. — Avez-vous vu fonctionner un pressoir? — Comment conserve-t-on le vin?

VII. — Le jardin.

Le cultivateur possède un jardin près de sa maison.

C'est dans ce jardin que la ménagère récolte les légumes qui servent pour notre alimentation.

Fig. 14. — Le chou.

Le jardin est divisé en carrés séparés par des allées ; les carrés sont divisés en planches séparées par des sentiers.

Chaque planche porte une espèce de légume.

Certains légumes sont cultivés pour leurs feuilles, tels que les choux (*fig.* 14), les salades (*fig.* 15), l'épinard, l'oseille.

D'autres sont cultivés pour leurs racines, comme la carotte, le panais (*fig.* 16), le radis, le navet; ou pour leurs bulbes, comme

Fig. 15. — La laitue (salade).

l'oignon (*fig.* 17), l'ail et l'échalote. La pomme de terre est cultivée pour ses tubercules.

Enfin d'autres sont cultivés pour leurs

Fig. 16. — Le panais.

Fig. 17.
L'oignon.

graines, tels que les pois (*fig.* 18), les haricots, les fèves.

C'est le cultivateur qui prépare, en hiver,

le sol du potager en le retournant au moyen de la bêche. Mais c'est la ménagère qui doit semer et cultiver les légumes ; lorsqu'elle est prévoyante, elle récolte dans son jardin des produits de toutes sortes pendant chaque mois de l'année.

A la campagne, le jardin est souvent planté de quelques bons arbres fruitiers. On y trouve aussi des groseilliers, des framboisiers et un carré de fraisiers.

La ménagère y cultive quelques fleurs qui servent à orner la maison d'habitation.

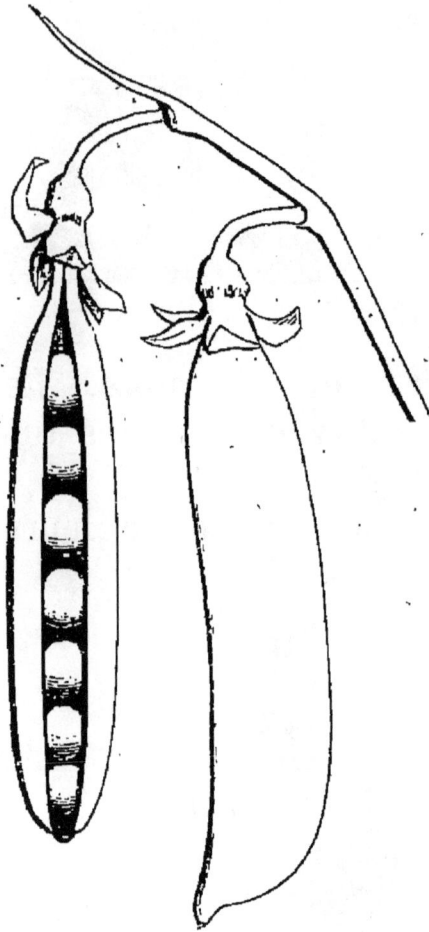

Fig. 18. — Gousses de pois.

Mots à expliquer : légume, carré, allée, planche, sentier, feuille, racine, bulbe, tubercule, graine, potager, bêche.

Exercice oral. — Avez-vous un jardin? — Quelle est sa forme? — Citez les légumes qui s'y trouvent eu ce moment. — Par quoi sont séparés les carrés? — les planches? — Citez les légumes dont nous mangeons les feuilles. — Citez ceux que nous cultivons pour leurs racines; — pour leurs bulbes; —

pour leurs graines. — A quoi servent l'ail et l'échalote? — Que fait-on du panais? — Comment s'appelle la partie comestible de la pomme de terre? — Qu'appelle-t-on haricots verts? — À quelle époque récolte-t-on les haricots verts? — Comment prépare-t-on le sol du potager? — Citez les arbres fruitiers cultivés dans votre jardin. — N'y a-t-il pas plusieurs sortes de groseilles? — La framboise ressemble-t-elle à la fraise? — Y a-t-il quelque différence entre un pied de fraisier et un pied de framboisier? — Connaissez-vous quelques plantes cultivées pour leurs fleurs?

VIII. — Les animaux domestiques.

Les animaux domestiques sont ceux que l'homme élève et utilise pour ses différents besoins ; ils vivent pour ainsi dire avec l'homme (*fig.* 19).

Fig. 19. — Les animaux domestiques.

Les animaux domestiques nous rendent les plus grands services.

Le cheval, l'âne et le mulet traînent des fardeaux au pas ou au trot; le cheval peut porter un cavalier.

Le bœuf nous donne du travail, comme le cheval; mais il nous fournit surtout sa chair que nous mangeons sous le nom de viande.

La vache produit le lait que nous consommons en nature ou que nous transformons en beurre et en fromage ; elle nous donne aussi sa chair. Il en est de même de la chèvre, qui est la vache du pauvre.

Le mouton nous donne sa chair; sa laine est employée pour tisser des étoffes.

Les peaux de tous ces animaux sont utilisées pour préparer le cuir avec lequel on fabrique les souliers.

Les os mêmes de ces animaux servent à faire divers objets.

Le porc nous donne de la viande et du lard ; sa graisse est transformée en saindoux ; son sang sert à préparer le boudin.

Enfin, les oiseaux de la basse-cour, la poule, l'oie, le canard, le dindon, nous donnent leurs œufs, leur chair et leur plume.

Enfant, si les animaux domestiques nous faisaient défaut et si nous étions privés de leurs produits, nous aurions beaucoup de peine à vivre.

Aussi devons-nous bien soigner ces animaux et toujours les traiter avec douceur.

Mots à expliquer : fardeau, cavalier, viande, lait, beurre, fromage, laine, peau, cuir, lard, saindoux.

Exercice oral. — Citez quelques animaux domestiques. — Qu'appelle-t-on animaux domestiques ? — Que représente la gravure ? — Quels sont les services que nous rend le cheval ? — le bœuf ? — la vache ? — Quels sont les produits que nous obtenons avec le lait ? — Quels sont les services que rend la chèvre ? — le mouton ? — A quoi sert la laine des moutons ? — A quoi servent les peaux des animaux ? — leurs os ? — Quels sont les services que nous rend le porc ? — Citez quelques oiseaux de basse-cour. — Quels sont les produits qu'ils donnent ? — Pourrions-nous vivre si nous étions privés des produits des animaux domestiques ? — Pourquoi faut-il bien soigner ces animaux et les traiter avec douceur ?

DEUXIÈME PARTIE

LA PLANTE. LE SOL. LES CULTURES.

IX. — La plante ou le végétal.

1. Le végétal. — Puisque le cultivateur doit produire des plantes, étudions comment est constitué un végétal. Prenons pour exemple un arbre très commun dans nos vergers, le poirier.

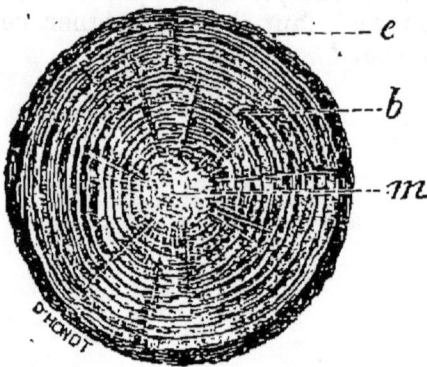

Fig. 20. — Coupe d'une tige d'arbre; *e*, écorce; *b*, bois; *m*, moelle.

La partie de cet arbre qui sort de terre s'appelle la tige; celle qui s'enfonce dans la terre se nomme la racine.

2. La tige. — Dans une tige d'arbre, on distingue trois parties : la moelle, le bois et l'écorce (*fig.* 20).

Pendant la belle saison, la tige porte des bourgeons, des feuilles, des fleurs et des fruits.

Fig. 21. — Feuille; *p*, pétiole.

Les bourgeons se développent au printemps et donnent des rameaux qui se garnissent de feuilles (*fig.* 21).

Les fleurs donnent des fruits.

3. La racine. — La racine fixe le végétal au sol; elle puise dans la terre les aliments dont la plante se nourrit.

Toutes les racines n'ont pas la même forme; les unes, comme celles de la betterave, de la carotte sont pivotantes; d'autres, comme celles des céréales, sont fibreuses ou encore fasciculées (*fig.* 22).

La racine se subdivise dans la terre et se termine par de nombreuses radicelles.

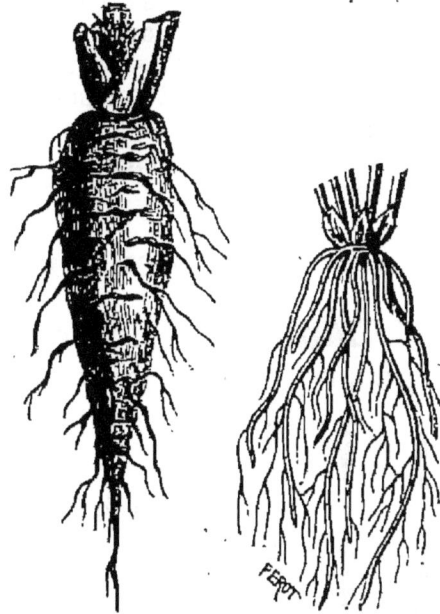

Fig. 22. — Racine pivotante et racine fasciculée.

Les parties du végétal qui se développent en terre ne sont pas toujours des racines; la pomme de terre, par exemple, est un renflement de tige, qu'on appelle tubercule (*fig.* 23).

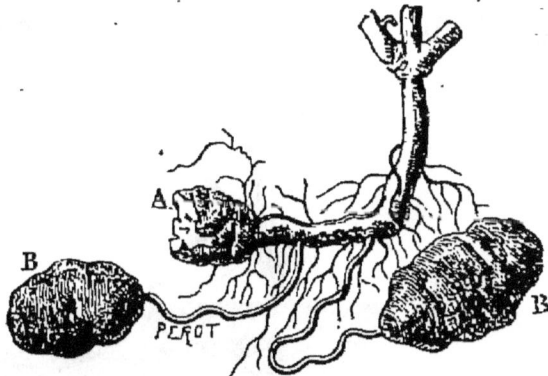

Fig. 23. — Tubercules de la pomme de terre.

Mots à expliquer : plante, végétal, arbre, tige, bourgeon, feuille, fleur, fruit, racine, radicelle, tubercule.

Exercice oral. — Qu'appelle-t-on tige? — Quelles sont les trois parties que l'on distingue dans la tige d'un arbre? —

2.

Qu'appelle-t-on racine? — Que deviennent les bourgeons au printemps? — Citez des plantes dont vous avez déjà vu les feuilles. — Comment s'appelle la queue de la feuille? — Citez des plantes dont vous avez déjà vu les fleurs? — Comment se transformera la fleur? — Quel est le rôle de la racine? — Citez des plantes cultivées pour leurs racines. — Qu'appelle-t-on racine pivotante? — racine fasciculée? — Qu'appelle-t-on radicelle? — Les pommes de terre que nous mangeons sont-elles des racines?

X. — Comment naissent les plantes.

4. Multiplication des végétaux. — Certains végétaux, comme le peuplier, le saule, la vigne, se multiplient par la plantation de boutures.

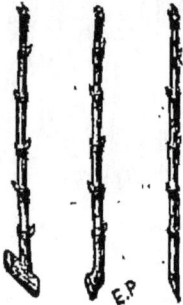

Une bouture est un rameau que l'on plante en terre (*fig.* 24); ce rameau s'enracine et donne un végétal semblable à celui d'où il provient.

D'autres végétaux se multiplient par marcottage.

Fig. 24.
Diverses boutures.

La marcotte est une portion de végétal qui porte des racines. Pour obtenir une mar-

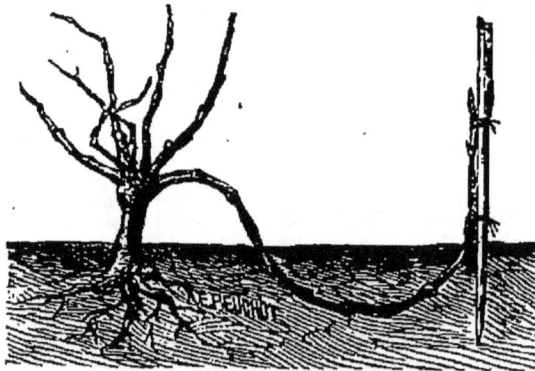

Fig. 24. — Marcotte.

cotte, on couche en terre un rameau en relevant son

extrémité hors du sol (*fig.* 25). La partie qui est en terre s'enracine. L'année suivante, on sépare la marcotte de son pied-mère et on la plante.

Mais la plupart des végétaux se reproduisent par leurs graines.

5. La graine. — Coupons en long un grain de blé (*fig.* 26).

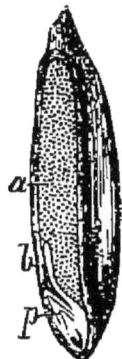

Fig. 26.
Coupe d'un
grain de blé.
a, matière
farineuse.
p, embryon.

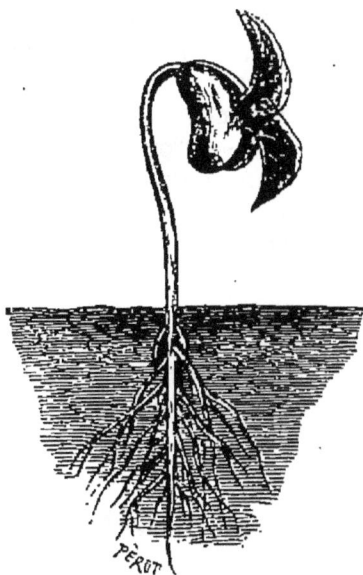

Fig. 27.
Germination du haricot.

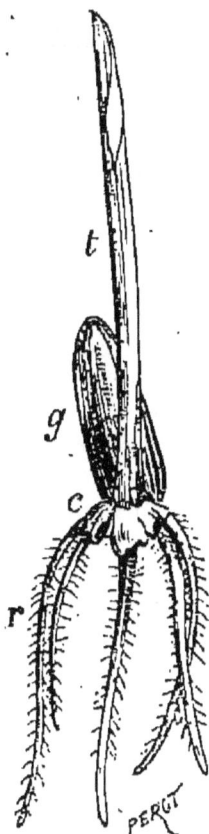

Fig. 28.
Germination du blé.

Son enveloppe, assez épaisse, renferme une matière farineuse. A l'une des extrémités du grain, on peut apercevoir un petit corps : c'est le germe de la nouvelle plante ou l'embryon.

Toute graine renferme un germe ou embryon; ce germe est pourvu d'une petite racine ou radicule et d'une petite tige ou tigelle.

6. Germination de la graine. — Le premier

développement de la graine s'appelle la germination.

Pour qu'une graine puisse germer, trois conditions sont nécessaires ; elle doit trouver dans le milieu où elle est placée : 1° de l'air ; 2° de la chaleur ; 3° de l'humidité.

Pendant la germination, la tigelle et la radicule se développent pour former la tige ou la racine (*fig.* 27 et 28).

Mots à expliquer : bouture, rameau, s'enraciner, marcotte, pied-mère, graine, racine, radicule, tige, tigelle.

Exercice oral.— Avez-vous vu des saules et des peupliers ? — Où plante-t-on ordinairement ces arbres ? — Quel est le produit que donnent les peupliers ? — Comment se multiplient ces végétaux ? — Avez-vous vu planter des boutures ? — des marcottes ? — Comment produit-on une marcotte ? — Quelles sont les graines que vous connaissez ? — Citez des graines qui servent pour notre consommation ; — pour la consommation des animaux ; — pour faire de la farine ; — pour faire de l'huile ; — pour faire la bière. — Qu'est-ce que c'est que l'embryon ? — Quelles sont les trois conditions nécessaires à la germination des graines ? — Que devient l'embryon pendant la germination ?

XI. — Le sol ou la couche arable.

7. Le sol et le sous-sol. — On appelle *sol* ou *couche arable* la partie de la terre que la charrue retourne. Au-dessous se trouve le *sous-sol.*

L'épaisseur du sol est variable suivant la nature des terres ; on regarde généralement comme formant le sol une couche de terre de $0^m,25$ à $0^m,30$ de profondeur.

L'épaisseur du sous-sol est, en général, plus considérable ; elle atteint parfois un mètre et même davantage.

8. Le sol est l'atelier du cultivateur. —
L'ouvrier travaille dans un atelier.

Le sol est l'atelier du cultivateur. En effet, il sème
ses graines dans un sol soigneuse-
ment préparé et bien nettoyé des
mauvaises herbes qui pourraient gê-
ner la croissance des plantes utiles.

C'est dans le sol que la plante puise
sa nourriture. Si la terre n'est pas
suffisamment riche, le cultivateur peut
l'améliorer en y introduisant des engrais.

Fig. 29. — Le sable
et l'argile.

L'étude du sol est donc très importante pour le
cultivateur.

**9. Les éléments
du sol. Le sable et
l'argile. —** Le sol est
composé de quatre élé-
ments diversement as-
sociés. Ce sont : le sa-
ble, l'argile, l'humus et
le calcaire.

Délayons une pincée
de terre dans un verre
d'eau (*fig.* 29). Le li-
quide se trouble ; il contient en suspension des
particules très fines :
c'est de l'argile. Le dé-
pôt qui tombe au fond
du verre est formé de tout petits cailloux : c'est du
sable.

Fig. 30. — Les poteries et les faïences
sont fabriquées avec une pâte argileuse.

10. L'argile et l'humus. — L'argile est une substance qui colle entre elles les diverses particules de la terre.

L'argile, imbibée d'eau, forme une pâte liante ; c'est avec une pâte argileuse que sont fabriquées les poteries (*fig.* 30).

En se desséchant, l'argile devient très dure.

L'humus n'est autre chose que du vieux fumier ou des débris de plantes bien décomposés.

Mots a expliquer : sol, couche arable, sous-sol, charrue, variable, nature des terres, atelier, sol nettoyé des mauvaises herbes, améliorer, engrais, éléments associés, particule, imbiber, décomposé.

Exercice oral. — Qu'appelle-t-on sol ou couche arable ? — Quelle est l'épaisseur du sol ? — Qu'appelle-t-on sous-sol ? — Quelle est l'épaisseur du sous-sol ? — Avez-vous vu labourer ? — Quels sont les animaux qui traînent la charrue ? — Les chevaux et les bœufs sont-ils attelés de la même manière ? — Qu'est-ce qu'un atelier ? — Quel est l'atelier du cultivateur ? — Pourquoi le cultivateur enlève-t-il les mauvaises herbes de ses champs ? — Lorsqu'une terre n'est pas suffisamment riche, le cultivateur peut-il l'améliorer ? — Quels sont les quatre éléments du sol ? — Avez-vous vu du sable ? — A quoi emploie-t-on le sable ? — Que devient l'argile quand on l'imbibe d'eau ? — quand on la dessèche ? — Avec quoi sont fabriquées les poteries ? — Qu'est-ce que l'humus ?

XII. — Différentes espèces de terres.

11. Terres sableuses. — Les terres sableuses sont celles où le sable domine.

Ces terres sont généralement perméables, c'est-à-dire qu'elles ne retiennent pas l'eau. Les plantes qui y croissent ont à souffrir souvent de la sécheresse.

Les terres sableuses sont très faciles à travailler.

12. Terres argileuses. — Les terres argileuses sont celles où l'argile domine.

Elles sont, en général, imperméables, c'est-à-dire qu'elles retiennent l'eau facilement.

Ces terres sont presque toujours difficiles à cultiver. En été, à la suite de la sécheresse, le sol se durcit. En hiver, après quelques pluies, la terre est semblable à une pâte liante et se colle aux instruments de culture.

13. Terres calcaires. — La nature des terres calcaires est très variable. En général, ces terres ne sont pas aussi perméables que les sols sableux, ni aussi imperméables que les sols argileux.

Il est facile de reconnaître si une terre renferme du calcaire. On verse dessus un *acide* ou du fort vinaigre (*fig.* 31) : quand la terre contient du calcaire, il se produit une effervescence, c'est-à-dire un dégagement de bulles gazeuses.

Fig. 31. — Il se produit une effervescence quand on arrose la terre calcaire avec un acide.

On appelle *terre crayeuse* celle qui renferme beaucoup de calcaire tendre, friable. La terre crayeuse est blanche.

14. La terre cultivée. — La terre cultivée est toujours formée des quatre éléments du sol; une terre qui est très sableuse, par exemple, contient toujours une petite quantité d'humus et d'argile.

Lorsqu'une terre renferme, en proportion convenable, du sable, de l'argile, du calcaire et de l'humus, on dit que c'est une *terre franche*.

Pour être bonne, la terre cultivée doit contenir, en

outre, les divers principes qui servent de nourriture aux plantes et que nous étudierons plus tard.

Mots à expliquer : sable, perméable, sécheresse, imperméable, pâte liante, instruments de culture, acide, fort vinaigre, bulles gazeuses, terre franche.

Exercice oral. — Le sable retient-il l'eau comme une éponge? — Qu'appelle-t-on terre perméable? — Pourquoi les terres perméables souffrent-elles de la sécheresse? — Ces terres sont-elles faciles à travailler? — Pourquoi? — Qu'appelle-t-on terre imperméable? — Quelles sont les terres imperméables? — Que devient l'argile quand on la dessèche? — quand on l'imbibe d'eau? — Les terres argileuses sont-elles faciles à cultiver en été? — en hiver? — Les terres calcaires sont-elles, en général, aussi perméables que les sols sableux? — Sont-elles aussi imperméables que les sols argileux? — Comment peut-on reconnaître si une terre est calcaire? — Comment appelle-t-on les terres blanches qui renferment beaucoup de calcaire tendre? — Qu'appelle-t-on terre franche? — Qu'est-ce que doit renfermer une terre pour être bonne?

XIII. — Le labour. La charrue.

15. A quoi sert le labour. — Labourer le sol, c'est le retourner au moyen de la charrue (*fig.* 32).

Ce travail a pour but d'ameublir la terre, c'est-à-dire de la rendre moins compacte. Dans une terre meuble, l'eau de pluie pénètre facilement et les racines des végétaux se développent aisément.

Le labour sert encore : à détruire les mauvaises herbes; à enterrer certaines semences.

Enfin, il aère le sol; une terre dans laquelle l'air ne pénètre pas perd peu à peu sa fertilité.

16. La charrue. — Le labour s'exécute au moyen de la charrue (*fig.* 33).

La pièce de la charrue qui retourne la bande de

terre s'appelle le *versoir*. Le laboureur dirige la charrue en tenant les mancherons.

Fig. 32. — Le labour.

La charrue est traînée par des chevaux ou des

Fig. 33. — La charrue. C, versoir; E, mancherons.

bœufs. Les bœufs font moins de travail que les chevaux, mais ils coûtent moins à nourrir.

17. Différents labours. — Lorsque le labour

est effectué avec une charrue ordinaire, c'est un labour *en planches;* les planches sont séparées par ce qu'on appelle des dérayures.

Le labour *à plat* est un labour sans dérayure; il ne peut être exécuté qu'avec une charrue spéciale.

Le labour *profond* retourne une forte épaisseur de terre; on l'exécute à l'automne.

Le labour que l'on fait après la moisson dans les terres qui ont porté des céréales s'appelle un labour de *déchaumage.*

Mots à expliquer : ameublir la terre, compact, semence, aérer le sol, charrue, dérayure, labour en planches, labour à plat, labour profond, labour de déchaumage.

Exercice oral. — Avez-vous vu labourer? — Pourquoi laboure-t-on la terre? — Qu'est-ce que c'est qu'une terre meuble — Pourquoi la terre doit-elle être meuble? — Est-il utile que la terre soit aérée? — Avez-vous vu une charrue? — Comment s'appelle la partie de la charrue qui retourne la bande de terre? — Les bœufs attelés à la charrue font-ils autant de travail que les chevaux? — Coûtent-ils autant à nourrir? — Par quoi les planches d'un labour sont-elles séparées? — Qu'est-ce qu'un labour profond? — Quand pratique-t-on les labours profonds? — Comment s'appelle le labour effectué après la moisson dans les champs de céréales?

XIV. — Autres instruments de culture.

18. Herse. — Il ne suffit pas de labourer la terre pour la bien cultiver; il faut encore la herser.

La herse est munie de dents (*fig.* 34).

Elle sert pour briser les mottes après un labour et pour rassembler les mauvaises herbes déracinées par la charrue.

Mais on l'emploie aussi pour enterrer certaines semences.

Les dents de la herse sont disposées de telle sorte que, pendant le travail, chacune d'elles creuse un petit sillon.

19. Rouleau. — Le rouleau (*fig.* 35) sert à écraser les mottes, à tasser la terre et à former une surface bien unie sur laquelle peuvent travailler les

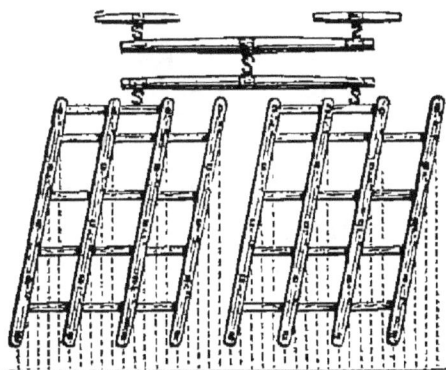

Fig. 34. — Herse.

faucheuses et les moissonneuses mécaniques.

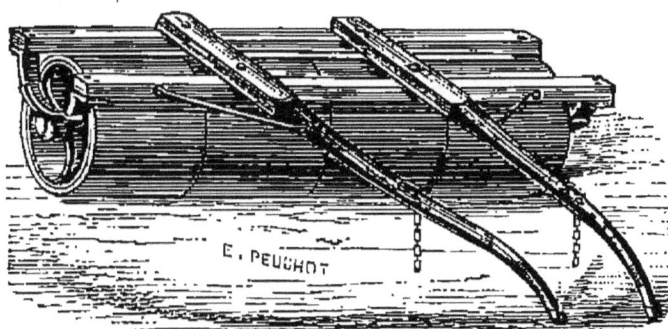

Fig. 35. — Rouleau.

Pour obtenir l'émiettement des mottes, on emploie un rouleau croskill (*fig.* 36).

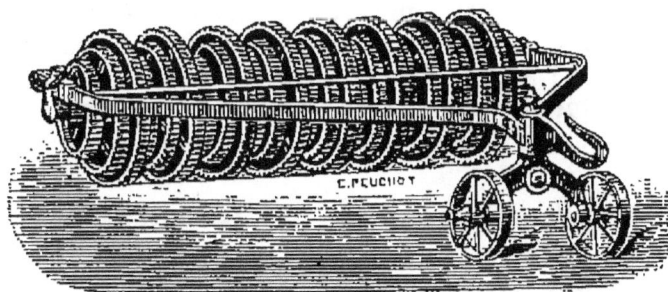

Fig. 36. — Rouleau Croskill.

On roule les champs de céréales au printemps ; c'est une excellente opération.

20. Nettoyage des terres. Sarclages et binages.

— Le sol est souvent envahi par les mauvaises herbes ; il faut toujours le débarrasser de ces plantes qui prennent la place et la nourriture des végétaux utiles.

Au printemps, on enlève à la main des champs de céréales le coquelicot, le bleuet, la moutarde sauvage, le chardon, etc. ; c'est l'opération du *sarclage*.

Dans les cultures en lignes, on pratique des *binages* à la pioche ou à la houe à cheval ; on détruit ainsi toutes les mauvaises herbes qui s'étaient développées entre les lignes.

Mots à expliquer : labourer, herser, motte, herbe déracinée, sillon, tasser la terre, envahi par les mauvaises herbes, sarclage, binage.

Exercice oral. — Citez les instruments de culture que vous connaissez. — Avez-vous vu une herse ? — Comment est-elle construite ? — Les dents sont-elles en bois ou en fer ? — A quoi sert cet instrument ? — Avez-vous vu un rouleau ? — Était-il en bois ou en fonte ? — Quelle est l'action du rouleau sur le sol ? — Avec quelle sorte de rouleau parvient-on à émietter les mottes ? — Quelles sont les cultures que l'on roule au printemps ? — Quelles sont les cultures que l'on sarcle à la main au printemps ? — Citez quelques mauvaises herbes que l'on trouve dans les champs de céréales. — De quelle couleur est la fleur du pavot ? — du bleuet ? — de la moutarde sauvage ? — Citez des cultures que l'on bine à la pioche ou à la houe à cheval. — A quoi servent les binages ?

XV. — Le blé ou froment.

21. Semailles.

— Les semailles de blé s'effectuent à l'automne ; pourtant, certaines variétés, peu importantes, sont parfois semées au printemps.

On répand de deux hectolitres à deux hectolitres et demi de grain à l'hectare, lorsqu'on sème à la volée. La semence employée doit être bien pure, nette de mauvaises graines.

Avant de semer les grains de blé, on les arrose avec une dissolution de vitriol bleu ou sulfate de

Fig. 37. — Avant de semer le blé, on arrose les grains avec une solution de sulfate de cuivre.

cuivre (*fig.* 37); c'est ainsi qu'on préserve les champs de blé d'une maladie qu'on appelle la carie.

22. Soins divers. — Au printemps, on roule les champs de céréales. Cette opération fait développer plusieurs tiges de blé sur le même pied : on dit que le blé *talle*.

Plus tard, on sarcle les blés, c'est-à-dire qu'on les débarrasse des mauvaises herbes qui les ont envahis.

Les épis apparaissent au mois de mai (*fig.* 38).

Les blés sont mûrs en juillet-août; c'est l'époque de la moisson.

23. Récolte du blé. — On coupe le blé à la faux. Dans les grandes fermes, on emploie des moissonneuses mécaniques traînées par des chevaux (*fig.* 39).

Le blé est lié en gerbes.; puis celles-ci sont disposées en moyettes dans les champs. Lorsque les grains sont bien secs, on rentre les gerbes et on les conserve en meules ou dans des granges jusqu'au moment du battage.

Les bonnes terres produisent plus de trente hectolitres de blé à l'hectare.

Fig. 38. — Epi de blé.

Fig. 39. — Moissonneuse mécanique.

24. Utilisation de la récolte. — Les grains de blé sont transformés en farine dans les moulins (*fig.* 40).

Ils fournissent deux produits : la farine, qui sert

Fig. 40. — Le moulin.

à préparer le pain, et le son qui sert pour l'alimentation du bétail. 100 kilogrammes de blé donnent environ 75 kilogrammes de farine.

La paille de blé sert surtout pour la litière des animaux.

Mots à expliquer : semence pure, semer à la volée, dissolution, mûr, moissonneuse mécanique, gerbe, moyette, meule, grange, farine, moulin, son, bétail, litière.

Exercice oral. — Quelle est l'époque des semailles du blé ? — Certaines variétés ne sont-elles pas semées à une autre époque ? — Qu'est-ce que c'est qu'une semence pure ? — Quelle préparation fait-on subir aux grains de blé employés comme semence ? — Pourquoi leur fait-on subir cette préparation ? — Quels sont les travaux que l'on effectue dans les blés au printemps ? — Pourquoi les roule-t-on ? — Pourquoi les sarcle-t-on? — A quel moment apparaissent les épis? — A quel moment les blés sont-ils mûrs? — Comment récolte-t-on le blé? — Qu'appelle-t-on javelle? — gerbe? — moyette? — meule? — grange? — Où les grains de blé sont-ils transformés en farine? — Le meunier ne produit-il que de la farine en écrasant les grains de blé? — A quoi sert le son? — Que fait-on de la paille de blé?

XVI. — Seigle. Avoine. Orge.

25. Seigle. — Le seigle est la céréale des terrains pauvres, montagneux, des climats rudes (*fig.* 41).

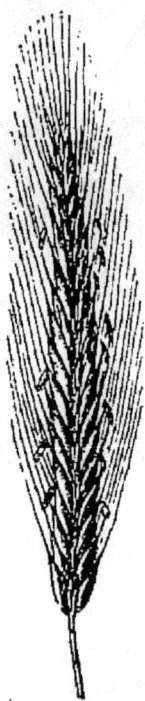

On le sème au mois de septembre et on donne à sa culture les mêmes soins qu'au blé : roulage et sarclage.

La récolte du seigle se fait en juillet, un peu avant celle du blé.

Les grains de seigle donnent une farine qui sert à préparer le pain de seigle : c'est un pain bis.

La paille de cette céréale est utilisée pour la fabrication des liens, des paillassons, des toits de chaume, des chaises, etc.

26. Avoine. — L'avoine est une céréale de printemps (*fig.* 42); on la sème en mars. Quelque temps plus tard, on effectue un roulage et un sarclage.

La moisson de l'avoine a lieu immédiatement après celle du blé.

Fig. 41.
Seigle.

Les grains d'avoine servent pour l'alimentation des chevaux.

La paille de cette céréale est utilisée pour la nourriture du bétail; elle est aussi employée comme litière.

27. Orge. — L'orge est une céréale de printemps (*fig.* 42); elle se cultive comme l'avoine.

Les grains d'orge moulus servent à faire
des bouillies pour les porcs, pour le bétail à
l'engrais et pour les jeunes animaux. Mais
ils servent surtout à préparer la bière, qui
est la boisson populaire des pays du Nord,
où l'on ne cultive pas la vigne.

La paille d'orge est utilisée
comme litière.

Mots à expliquer : montagneux, climat rude, roulage, sarclage, pain bis, paillasson, toit de
chaume, litière, bière, boisson populaire.

Exercice oral. — Avez-vous
déjà vu du seigle? — Le grain de
seigle ressemble-t-il au grain de
blé? — Quand sème-t-on le seigle?
— Quels sont les soins qu'on donne
à sa culture? — Quand le récolte-
t-on? — A quoi servent les grains
de seigle? — Qu'appelle-t-on pain

Fig. 42. — Avoine et orge.

bis? — Avez-vous vu un toit de chaume? — A quoi sert la
paille de seigle? — Le grain d'avoine ressemble-t-il au grain de
blé? — Et le grain d'orge? — Qu'appelle-t-on céréale de printemps? — Comment cultive-t-on l'avoine et l'orge? — Quand
les récolte-t-on? — A quoi sert l'avoine? — A quoi sert l'orge?
— Dans quels pays boit-on surtout de la bière? — Comment
sont utilisées les pailles de l'avoine et de l'orge?

XVII. — Maïs. Sarrasin. — Les céréales.

28. Maïs. — Le maïs, ou blé de Turquie (*fig.* 43),
est surtout cultivé dans le Midi, car, pour mûrir ses
graines, il lui faut beaucoup de chaleur.

On le sème au printemps, le plus souvent en

3.

lignes. Plus tard, on butte les pieds, c'est-à-dire qu'on accumule de la terre autour de chacun d'eux.

La récolte se fait à l'automne.

Les grains de maïs, grossièrement broyés, servent pour l'alimentation des volailles, des jeunes animaux; on en fait des bouillies pour le bétail.

29. Sarrasin. — Le sarrasin, ou blé noir (*fig.* 44), se sème à la volée au mois de mai, car il redoute les gelées de printemps; il craint les grandes chaleurs de l'été.

Fig. 43. — Maïs.

La farine de sarrasin sert de nourriture aux volailles, aux animaux domestiques. Mais dans les pays pauvres, où l'on cultive cette plante, la ménagère prépare aussi des galettes de sarrasin.

30. Les céréales. — Les plantes que nous venons d'étudier, le blé, le seigle, l'avoine, l'orge, le maïs et le sarrasin sont désignées sous le nom de céréales.

Mais il faut encore ranger dans ce groupe :

Fig. 44. — Sarrasin.

Le *sorgho*, cultivé dans le Midi et dont les tiges servent à faire les balais blancs ;

Le *millet*, dont les grains sont utilisés pour la nourriture des oiseaux ;

Le *riz*, que l'on cultive dans les pays chauds, marécageux, comme le nord de l'Italie, la Cochinchine, etc.

Mots à expliquer : le Midi, semis en lignes, butter, volaille, animaux domestiques, galette, céréale, marécageux.

Exercice oral. — Citez quelques villes du Midi. — Pourquoi le maïs ne peut-il mûrir que dans le Midi ? — Comment le sème-t-on ? — En quoi consiste le buttage ? — A quoi servent les grains de maïs ? — A quel moment sème-t-on le sarrasin ? — Pourquoi le sème-t-on aussi tard ? — Résiste-t-il bien aux grandes chaleurs ? — Comment utilise-t-on les graines de sarrasin ? — Citez les céréales que vous connaissez. — A quoi servent les tiges du sorgho ? — Pourquoi cultive-t-on le millet ? — Avez-vous déjà mangé du riz ? — Où cultive-t-on le riz ?

XVIII. — Pois et lentille. Haricot. Fève.

31. Pois et lentille. —Le pois (*fig.* 45) est très cultivé dans les jardins potagers ; il produit les *petits pois* que l'on mange en vert et avec lesquels on prépare des conserves.

Le pois est aussi cultivé dans les champs. On le sème à la volée au printemps et on le récolte après la moisson.

Les graines du pois entrent dans notre alimentation comme légumes secs.

Fig. 45. — Pois.   Fig. 46. —Lentille.

La lentille, dont nous consommons les graines, se cultive comme le pois (*fig.* 46).

32. Haricot. — Le haricot exige une terre saine et riche (*fig.* 47). Il redoute les gelées printanières; aussi, on le sème tard, au mois de mai.

La récolte s'effectue en septembre, quand les gousses sont sèches.

Le haricot est beaucoup cultivé dans le jardin potager; il fournit des produits que l'on mange l'été sous le nom de *haricots verts;* on en prépare aussi des conserves.

Fig. 47. — Haricot.   Fig. 48. — Fève.

Dans le jardin, on cultive deux sortes de haricots; les uns sont *à rames* et les autres sont *nains.*

33. Fève. — On sème la fève de bonne heure au printemps, car cette plante craint peu les gelées; on la récolte en septembre (*fig.* 48).

Les graines de fève, moulues ou grossièrement broyées, servent pour l'alimentation des animaux.

Dans certains pays, la farine de fève entre dans la préparation du pain. Lorsqu'on la mélange en petite quantité avec de la farine de froment, on obtient un excellent pain, qui se conserve bien frais.

Mots à expliquer : potager, conserve, légume sec, terre saine, terre riche, gousse, haricot à rame, haricot nain.

Exercice oral. — Quelle est la forme des pois? — A quel moment récolte-t-on les petits pois dans les jardins? — Sont-ils complètement secs?— Peut-on les conserver?— Quand récolte-t-on les pois dans les champs? — La lentille ressemble-t-elle au pois? — Quelle est sa forme? — Le haricot ressemble-t-il au pois? — à la lentille? — Quand le sème-t-on? — Pourquoi le sème-t-on si tard? — Avez-vous mangé des haricots verts? — Ne mange-t-on que les graines de la plante? — Qu'appelle-t-on haricots à rames? — haricots nains? — A quelle époque sème-t-on les fèves? — Quand les récolte-t-on? — Comment utilise-t-on les fèves? — Ne fait-on pas, dans certains pays, un usage particulier de la farine de fève?

XIX. — Colza et navette. Chanvre et lin.

34. Colza et navette. — Le colza (*fig.* 49) est cultivé pour sa graine dont on ex-

Fig. 49. — Colza.

Fig. 50. — Chanvre.

trait de l'huile qui sert surtout pour l'éclairage et la fabrication du savon. C'est une plante qui exige une terre fraîche et fertile.

Le colza d'hiver se sème en juillet-août; celui de printemps se sème en mars-avril.

La récolte du colza demande de grandes précautions, car cette plante s'égrène facilement lorsque ses fruits sont secs.

La navette se cultive comme le colza; mais c'est une plante peu exigeante.

Fig. 51. — Les cordages sont tressés avec de la filasse de chanvre.

Lorsque l'huile a été extraite des graines de colza et de navette, il reste un résidu qu'on désigne sous le nom de *tourteau*. Ce résidu est employé pour la nourriture du bétail ; c'est aussi un très bon engrais.

35. Chanvre. — Le chanvre se cultive dans une terre riche (*fig.* 50). On le sème à la volée au mois de mai, car il redoute les gelées printanières.

On le récolte en août-septembre.

Sa graine s'appelle *chènevis;* on la donne en nourriture aux oiseaux de basse-cour, mais on peut en extraire de l'huile.

L'écorce de ses tiges sert à préparer ce qu'on appelle la *filasse*. C'est avec de la filasse de chanvre qu'on fabrique les toiles ordinaires et les cordages de toutes sortes (*fig.* 51).

36. Lin. — Le lin est surtout cultivé, comme le chanvre, pour l'écorce de ses tiges (*fig.* 52). Sa graine renferme une huile spéciale.

La filasse que fournit le lin sert à confectionner les toiles fines, les dentelles, le fil à coudre, etc.

La farine de la graine de lin est employée comme médicament.

Mots à expliquer : savon, terre fraîche, terre fertile, égrener, plante peu exigeante, résidu, engrais, basse-cour, écorce, filasse, médicament.

Exercice oral. — Pourquoi cultive-t-on le colza ? — Comment s'éclaire-t-on aujourd'hui dans les campagnes ? — dans les villes ? — A quel moment sème-t-on le colza ? — Pourquoi faut-il prendre des précautions pour récolter le colza ? — Qu'est-ce qu'on appelle tourteau ? — Comment utilise-t-on le tourteau de colza ?

Fig. 52. — Lin.

— Comment cultive-t-on la navette ? — Avec quoi fabrique-t-on les cordes et les ficelles ? — Que représente la figure 51 ? — A quel moment sème-t-on le chanvre ? — A quel moment le récolte-t-on ? — Comment se nomme sa graine ? — A quoi sert le chènevis ? — Citez les oiseaux de la basse-cour. — Avec quoi fabrique-t-on le fil à coudre, les dentelles et les toiles fines ? — Que fait-on de la graine de lin ?

XX. — Betterave. Carotte.

37. Betterave fourragère. — La betterave est cultivée pour sa racine (*fig.* 53).

On la sème en avril-mai, en lignes. Aussitôt après le semis, on roule le sol ; plus tard, on donne au sol deux ou trois binages.

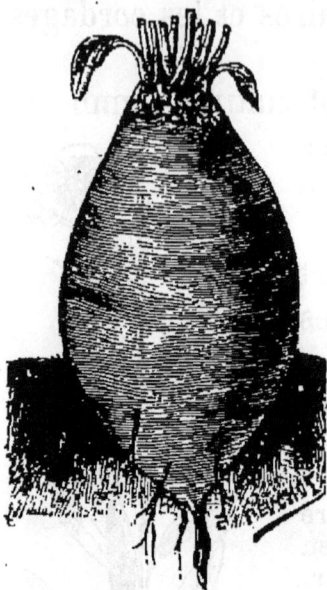

Les racines sont récoltées en octobre et conservées à la cave.

Parfois, on conserve les betteraves en les plaçant en tas régulier sur le sol, puis en recouvrant le tas avec de la terre : on a construit ainsi un silo (*fig.* 54).

Les betteraves sont utilisées pour la nourriture du bétail pendant la mauvaise saison. On les découpe en tranches et on les mélange à des balles ou à des pailles hachées avant de les donner aux animaux.

Fig. 53.
Betterave fourragère.

38. Betterave à sucre. — Autrefois, le sucre

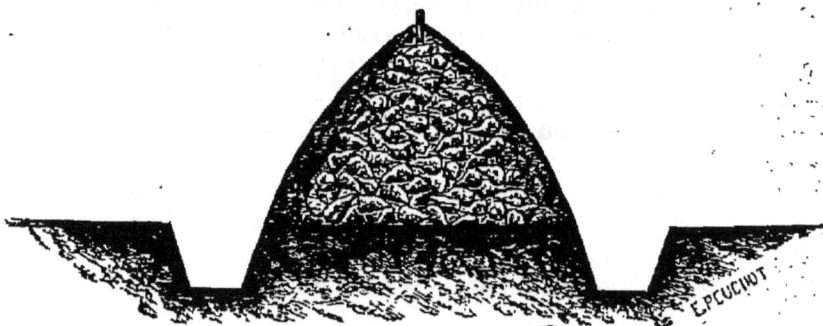

Fig. 54. — Silo.

était extrait d'une plante des pays chauds qu'on appelle la *canne à sucre*.

Aujourd'hui, presque tout le sucre que nous consommons est extrait de certaines betteraves appelées *betteraves à sucre*, dont le jus est très sucré.

La betterave à sucre se cultive comme la betterave fourragère. Sa culture est surtout répandue dans le nord de la France.

39. Carotte. — Les carottes récoltées dans les jardins potagers sont à chair rouge.

Dans les champs, on produit la carotte fourragère, qui est à chair blanche (*fig.* 55); sa culture est analogue à celle de la betterave.

La racine de cette plante est utilisée pour la nourriture des bœufs, des moutons et des chevaux.

D'autres plantes sont cultivées pour leurs racines ; le *navet*, le *chou-navet*, le *chou-rave;* leur culture est semblable à celle de la betterave ou de la carotte.

Fig. 55.
Carotte fourragère.

Mots à expliquer : racine, binage, bétail, la mauvaise saison, balles, pailles hachées, les pays chauds, le Nord de la France.

Exercice oral. — Avez-vous vu en été des champs de betteraves? — Pourquoi cultive-t-on la betterave? — Quand la sème-t-on? — Quelle opération faut-il faire après le semis? — Quels sont les soins à donner à la culture? — Quand fait-on la récolte? — Comment conserve-t-on les betteraves? — Comment construit-on un silo? — Comment donne-t-on les betteraves au bétail? — D'où provenait le sucre autrefois? — D'où provient-il aujourd'hui? — Où cultive-t-on surtout la betterave à sucre?

— De quelle couleur sont les carottes potagères?— les carottes fourragères ? — Pourquoi cultive-t-on des carottes fourragères? — Comment les cultive-t-on ? — Citez d'autres plantes cultivées pour leurs racines.

XXI. — Pomme de terre.

40. Origine de la pomme de terre. — La pomme de terre est originaire d'Amérique; elle ne fut connue en Europe que vers le milieu du seizième siècle.

Mais c'est seulement à la fin du siècle dernier que

Fig. 56. — Parmentier (1737-1813).

sa culture se répandit en France, grâce aux efforts de Parmentier (*fig.* 56).

Parmentier doit être considéré comme un bienfaiteur de l'humanité.

41. Culture. — Les pommes de terre que nous mangeons sont des *tubercules* qui se développent en terre.

Les tubercules de la pomme de terre se plantent en mars ; on espace les pieds de 0ᵐ,40 en tous sens. Chaque œil ou bourgeon qui est visible sur un tubercule donnera naissance à une tige (*fig.* 57).

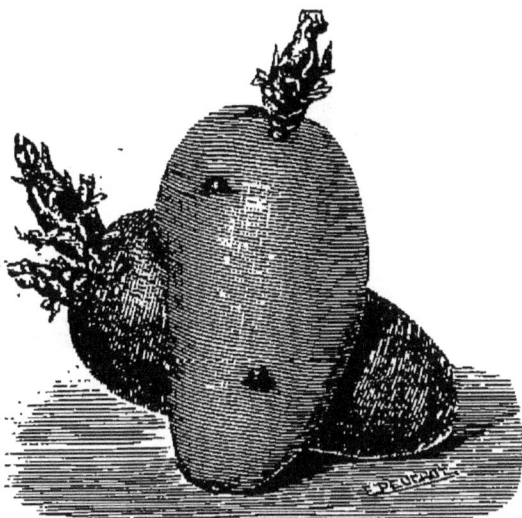

Fig. 57. — Pommes de terre ; chaque œil ou bourgeon donnera naissance à une tige.

Dans le courant de l'été, on exécute divers binages et un buttage ; cette dernière opération permet à la plante de développer davantage ses tiges souterraines, dont les renflements constituent les tubercules.

42. Récolte. — La récolte des pommes de terre se fait en septembre-octobre.

On extrait les tubercules du sol au moyen de la pioche, ou de la houe fourchue, ou bien encore à l'aide d'une charrue spéciale qu'on appelle *arracheuse* de pommes de terre (*fig.* 58).

Les tubercules sont conservés pendant l'hiver à l'abri des froids, dans un local sain et aéré ; on les met généralement à la cave.

43. Utilisation. — Les pommes de terre consti-

tuent une ressource très importante pour l'alimentation de l'homme et des animaux ; elles doivent être
consommées *cuites*.

Fig. 58. — Arracheuse de pommes de terre.

Mais, dans l'industrie, on extrait des pommes de
terre divers produits : de l'*amidon*, de la *fécule*, de
l'*alcool*.

Mots à expliquer : originaire, siècle, bienfaiteur de l'humanité, tubercule, œil ou bourgeon, binage, buttage, tige sou-
terraine, houe fourchue, local sain et aéré, amidon, fécule,
alcool.

Exercice oral. — A-t-on toujours cultivé la pomme de
terre en France ? — Quelle est l'origine de cette plante ? — A
quelle époque sa culture s'est-elle répandue dans notre pays ?
— Qui l'a propagée ? — Comment doit être considéré Parmentier ? — Pourquoi ? — Où se développent les tubercules
de la pomme de terre ? — A quelle époque plante-t-on les
pommes de terre ? — Quels sont les soins qu'on donne à la
culture ? — Pourquoi effectue-t-on un buttage ? — Quand
se fait la récolte ? — Comment récolte-t-on les pommes de
terre ? — Comment les conserve-t-on ? — A quoi servent les
pommes de terre ? — Est-ce une grande ressource pour notre
alimentation ? — Quels sont les divers produits que l'on peut
tirer des pommes de terre ?

XXII. — Prairies artificielles.

44. Les fourrages. — On appelle *fourrages* les plantes des prairies que le cultivateur conserve dans des locaux après les avoir séchées au soleil. Les fourrages servent pour l'alimentation du bétail.

Les fourrages sont surtout produits dans les *prairies naturelles* ou *prés*, qui durent pour ainsi dire indéfiniment.

Mais le cultivateur établit aussi des *prairies artificielles*, qui ne durent que quelques années. Parmi les plantes cultivées dans ces prairies, il faut citer : la *luzerne*, le *sainfoin*, le *trèfle*.

45. Luzerne. — La luzerne se cultive dans un sol fertile (*fig.* 59); elle dure sept ou huit ans.

On la sème en mars, et généralement dans une céréale de printemps. La récolte commence l'année suivante.

On peut obtenir trois ou quatre coupes par an.

Fig. 59. — Luzerne.

Il faut faner la luzerne avec précaution, car les feuilles, qui sont les parties les plus nourrissantes, se détachent facilement des tiges.

46. Sainfoin. — Le sainfoin est une plante moins exigeante que la luzerne (*fig.* 60); il ne dure que trois ou quatre ans.

On sème généralement le sainfoin, comme la luzerne, dans une céréale de printemps.

Le sainfoin ne donne qu'une seule coupe par an ; mais, à l'arrière-saison, il produit un excellent regain pour le pâturage.

47. Trèfle. — Le trèfle ordinaire ne dure que deux années (*fig.* 61); il se sème comme la luzerne. Il produit deux coupes par an.

Fig. 60. — Sainfoin.

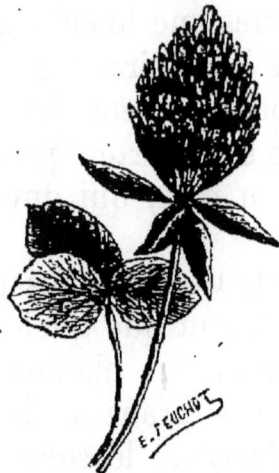

Fig. 61. — Trèfle.

Le fanage du trèfle demande beaucoup de précautions, comme celui de la luzerne.

Mots à expliquer : fourrage, prairie naturelle, prairie artificielle, sol fertile, céréale de printemps, une coupe de luzerne, faner, regain, pâturage.

Exercice oral. — Qu'appelle-t-on fourrage? — A quoi sert le fourrage? — Où récolte-t-on le foin? — Combien de temps durent les prairies naturelles? — Combien de temps durent les prairies artificielles? — Citez des plantes cultivées dans ces prairies? — Dans quels sols cultive-t-on la luzerne? — Combien de temps dure une luzerne? — Quand sème-t-on la luzerne? — Comment la sème-t-on? — Combien obtient-on de coupes par an? — Pourquoi faut-il faner la luzerne avec précaution? — Le sainfoin dure-t-il aussi longtemps que la luzerne? — Exige-t-il un sol très fertile? — Donne-t-il plusieurs coupes par an? — Combien de temps dure le trèfle? — Comment le sème-t-on? — Combien produit-il de coupes par an? — Faut-il le faner avec précaution?

XXIII. — La vigne.

48. Plantation. — La vigne demande une terre saine ; dans les sols humides, elle est atteinte par des maladies qui la font périr.

Les racines des vignes françaises sont attaquées par un insecte, le *phylloxera*, qui les détruit (*fig.* 62). On est obligé aujourd'hui de greffer nos vignes sur d'autres cépages qu'on appelle des *porte-greffes*, ou encore des *cépages américains*. Les vignes greffées sur de bons porte-greffes résistent au phylloxera.

49. Principaux travaux. — Dès les premiers beaux jours du printemps, on taille la vigne (*fig.* 63).

Plus tard, quand les pousses commencent à

Fig. 62. — Phylloxera (très grossi).

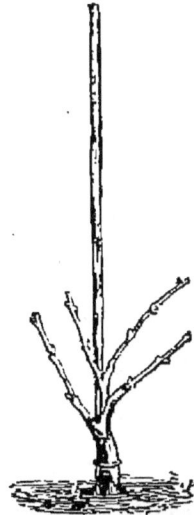

Fig. 63. — Un cep après la taille.

se développer, on pratique l'*ébourgeonnement ;* cette opération très importante consiste à enlever sur la souche les rameaux qui sont en excès.

Pendant l'année, on donne au sol deux ou trois labours à la pioche ou à la charrue (*fig.* 64).

50. Accidents. Maladies. — Les gelées de printemps peuvent causer de grands dégâts dans les vignobles.

La grêle, les pluies au moment de la floraison, peuvent aussi compromettre la récolte.

Mais la vigne, comme toutes nos plantes cultivées, est attaquée par des insectes contre lesquels le vigneron doit la défendre.

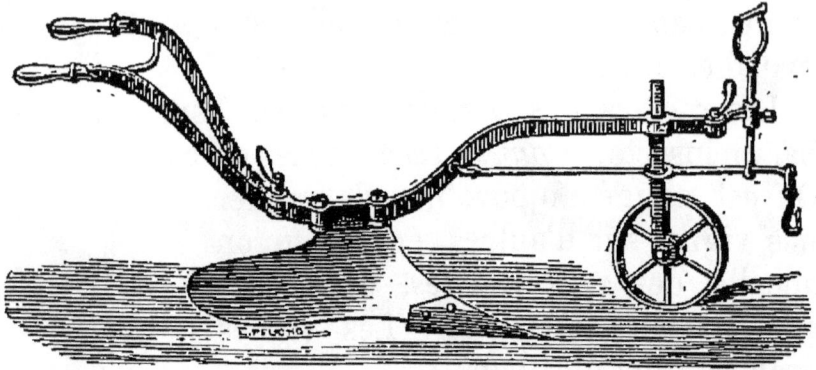

Fig. 64. — Charrue à vigne.

De plus, elle est atteinte chaque année par des maladies redoutables, comme l'oïdium, le mildiou, le black-rot, qui peuvent détruire la récolte si le vigneron ne combat pas à temps ces diverses maladies.

La culture de la vigne demande donc beaucoup de soins.

Mots à expliquer : terre saine, sol humide, greffer, cépage résistant au phylloxera, tailler la vigne, souche, rameau, gelée, grêle, maladie redoutable.

Exercice oral. — Comment s'appellent les fruits de la vigne? — Que fait-on avec les raisins? — A quelle époque fait-on la vendange? — Dans quels terrains faut-il planter la vigne? — Pourquoi faut-il greffer les vignes françaises sur des cépages américains? — Quand taille-t-on la vigne? — En quoi consiste l'ébourgeonnement? — A quelle époque pratique-t-on cette opération? — Citez d'autres travaux du vignoble. — Les gelées de printemps peuvent-elles causer des dommages dans les vignes? — Et la grêle? — La vigne n'est-elle pas attaquée par des insectes? — N'est-elle pas atteinte par des maladies? — Citez quelques-unes de ces maladies.

TROISIÈME PARTIE

LES ANIMAUX DOMESTIQUES

XXIV. — Le cheval.

51. Services. — Les chevaux nous rendent différents services.

Les uns traînent au pas de lourds fardeaux; ce sont les chevaux de *gros trait*.

D'autres, appelés chevaux de *trait léger*, traînent des fardeaux en trottant.

Fig. 65. — Le cheval nous rend différents services.

Enfin les chevaux de *selle* portent des cavaliers (*fig*. 65).

52. Nourriture. — Le cheval adulte est surtout nourri avec du foin. Mais cet aliment est insuffisant lorsque l'animal travaille. Il faut alors lui donner, avec le foin, un aliment plus riche, l'avoine.

4

Pendant la belle saison, le cheval peut s'alimenter au pâturage.

En hiver, lorsque les chevaux ne travaillent pas, on leur donne du foin, de la paille, des carottes coupées en petites tranches, et on diminue beaucoup la ration d'avoine.

Le nombre des repas est de trois par jour ; il faut servir les aliments à des heures régulières.

53. Soins à donner au cheval. — Le cheval est logé à l'écurie. Ce local doit être suffisamment aéré, car le cheval respire comme nous.

L'écurie doit être fréquemment nettoyée et toujours tenue dans un bon état de propreté.

Chaque jour, il faut étriller le cheval, le brosser, et même, de temps en temps, le laver : ces différents soins de propreté et d'hygiène sont désignés sous le nom de *pansage*.

Pour faciliter le pansage, on tond les animaux une fois par an.

Mots à expliquer : adulte, foin, avoine, pâturage, paille, ration, écurie, aéré, étriller le cheval, propreté, hygiène, on tond les animaux.

Exercice oral. — Vos parents utilisent-ils des chevaux ? — Quels sont les services que rendent les chevaux ? — Qu'appelle-t-on chevaux de gros trait ? — de trait léger ? — de selle ? — Pourquoi appelle-t-on ces derniers des chevaux de selle ? — L'armée emploie-t-elle des chevaux de selle ? — Expliquez ce que représente la figure 65. — Qu'est-ce qu'un animal adulte ? — Comment nourrit-on le cheval adulte quand il travaille ? — pendant l'hiver ? — Combien distribue-t-on de repas au cheval chaque jour ? — Comment s'appelle le local où est logé le cheval ? — Pourquoi ce local doit-il être aéré ? — Comment l'écurie doit-elle être tenue ? — Qu'appelle-t-on pansage ? — Quels sont les divers soins de pansage ? — Pourquoi pratique-t-on la tonte des chevaux une fois par an ?

XXV. — Le bœuf.

54. Services. — Le bœuf nous donne du travail et de la viande.

Le bœuf marche lentement; il est capable néanmoins de produire une grande somme de travail.

On ne l'attelle pas, comme le cheval, avec un collier. Il pousse avec sa tête au moyen d'un joug, qui est attaché à la charrue ou à la voiture (*fig.* 66).

Fig. 66. — Le travail des bœufs.

55. Alimentation. — Pendant la belle saison, le bœuf est généralement nourri au pâturage. On ne peut pas le conduire dans les luzernes et les trèfles, parce que s'il mangeait les herbes vertes de ces prairies artificielles, il serait atteint d'un gonflement de la panse qui mettrait sa vie en danger.

En hiver, il reste à l'étable. Sa ration se compose

de foin, de pailles hachées; on mélange ces aliments avec d'autres moins secs, comme les betteraves découpées en petites tranches; on y ajoute des aliments plus riches, tels que des tourteaux en poudre, des grains, etc.

56. Engraissement. — Le bœuf atteint son âge adulte à quatre ans. A cet âge, il a acquis toute sa grosseur et on peut le livrer à la boucherie.

Mais auparavant, on l'engraisse afin que sa viande soit meilleure.

Le bœuf peut s'engraisser au pâturage, à la condition qu'il trouve dans la prairie beaucoup d'aliments (*fig.* 67).

Fig. 67. — Bœuf de boucherie.

Le plus souvent, on l'engraisse à l'étable où on lui donne en abondance une bonne nourriture.

La viande de bœuf est la plus nourrissante des viandes de boucherie.

Mots à expliquer : atteler, collier, joug, luzerne, trèfle, prairie artificielle, étable, paille hachée, tourteau, boucherie.

Exercice oral. — Quels sont les services que nous rend le bœuf? — Avez-vous vu des bœufs au travail? — Sont-ils attelés comme les chevaux? — Font-ils autant de travail que les chevaux? — Comment s'appelle le local où on loge les bœufs? — Comment les bœufs sont-ils nourris en été? — Pourquoi ne doit-on pas leur faire consommer de la luzerne verte? — Comment les nourrit-on en hiver? — Citez des aliments secs. — D'où provient le tourteau? — Les bœufs coûtent-ils autant à nourrir que les chevaux? — A quel âge le bœuf est-il adulte? — Que faut-il en faire quand il a cet âge? — Comment peut-on l'engraisser? — La viande de bœuf est-elle une bonne viande?

XXVI. — La vache laitière.

57. Services. — La vache nous donne son lait (*fig.* 68).

Le *lait* est un aliment de premier ordre; il est indispensable aux nou-veau-nés. Il sert à pré-parer le beurre et le fro-mage.

Enfin, la vache, comme le bœuf, nous donne sa chair ou viande.

58. Le caillé. Le beurre. Le fromage.

Fig. 68. — La vache.

— Lorsque le lait est laissé au repos dans un endroit frais, il se transforme en deux produits : 1° la *crème*, qui se trouve à la partie supérieure; 2° au-dessous de la crème, le *caillé* (*fig.* 69).

La crème renferme la matière grasse du lait. Elle sert à préparer le beurre; pour cela, on bat la crème, pendant trois quarts d'heure environ, dans un instrument appelé baratte (*fig.* 70).

Le caillé qui reste lorsqu'on a enlevé la crème est employé pour faire le fro-mage maigre.

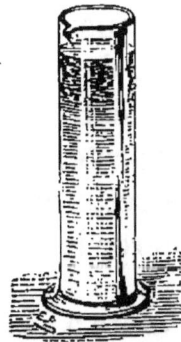
Fig. 69. — Lait caillé et crème.

Mais les bons fromages, qu'on appelle fromages gras, sont produits avec du lait dont on n'a pas en-levé la crème; pour les obtenir, on fait cailler le lait,

4.

immédiatement après la traite, au moyen d'un li-
quide qu'on appelle la *présure*.

59. Nourriture de la vache laitière. — Pendant l'été, la vache laitière s'alimente au pâturage.

En hiver, elle est nourrie à l'étable. Le foin et les pailles, donnés seuls, ne conviennent pas à la vache laitière.
Il faut mélanger à ces aliments secs des betteraves découpées en tran-ches ou des pom-mes de terre cuites.
Enfin, on doit don-ner aussi à l'animal des aliments riches, tels que du
son, des farines, du tourteau en poudre.

Fig. 70. — Baratte

L'étable doit être tenue dans un grand état de
propreté. Quand le fumier s'y accumule, il se dégage
de cette matière des mauvaises odeurs qui peuvent
altérer la qualité du lait.

Mots à expliquer : aliment, viande, crème, caillé, beurre,
fromage maigre, fromage gras, présure, son, farine, altérer
la qualité.

Exercice oral. — Quels services nous rend la vache laitière? — A quoi est utilisé le lait? — Le lait se conserve-t-il
longtemps frais? — Comment se transforme-t-il? — Dans
quelle partie d'un pot de lait recueille-t-on la crème? — le
caillé? — Avez-vous déjà mangé de la crème? — Que fait-on

avec la crème? — Avez-vous déjà vu préparer le beurre? — Que fait-on avec le beurre? — A quoi sert le caillé? — Quelle différence y a-t-il entre un fromage maigre et un fromage gras? — A quoi sert la présure? — Savez-vous comment on prépare le fromage? — Comment nourrit-on la vache laitière en été? — en hiver? — Qu'est-ce que c'est que le son? — la farine? — le tourteau? — Pourquoi l'étable doit elle être tenue dans un grand état de propreté?

XXVII. — Le mouton. La chèvre.

60. Le mouton; services qu'il nous rend.

— Le mouton nous donne sa chair et sa laine.

Fig. 71. — Un troupeau de moutons.

La laine d'un mouton constitue sa toison. Chaque année, en été, on enlève la toison du mouton.

La laine sert à faire des étoffes de drap, de la flanelle, etc. Nos vêtements d'hiver, qui nous préservent contre le froid, sont confectionnés avec des étoffes de laine.

61. Nourriture du mouton. — Les moutons, brebis et agneaux, qui vivent ensemble dans une exploitation, forment ce qu'on appelle un troupeau (*fig.* 71).

Pendant la belle saison, le berger conduit le troupeau dans les pâturages, les jachères ou les landes, le long des chemins. Partout où il y a de l'herbe à brouter, les moutons trouvent leur nourriture.

En hiver, les moutons sont logés dans la bergerie ; ce local doit être bien aéré. Leur nourriture est à peu près analogue à celle du bœuf et de la vache. On leur donne du foin, de la paille hachée mélangée à des betteraves découpées en tranches, et quelques aliments riches, comme du son, du tourteau pulvérisé, des grains.

Lorsque les moutons sont à l'engrais, il faut les bien nourrir avec des aliments riches.

62. La chèvre. — La chèvre est utilisée à peu près uniquement pour son lait (*fig.* 72).

Ses petits, qu'on appelle chevreaux, sont recherchés pour la boucherie.

La chèvre vit de peu ; elle se contente souvent de feuilles d'arbres.

Fig. 72. — La chèvre.

Elle rend de grands services aux ménages pauvres, car elle coûte peu à nourrir.

Mots à expliquer : laine, toison, drap, flanelle, brebis, agneau, troupeau, berger, jachère, lande, brouter, bergerie, les moutons à l'engrais.

Exercice oral. — Quels sont les services que nous rend le mouton? — Qu'est-ce que c'est qu'une toison? — A quelle époque pratique-t-on la tonte des moutons? — A quoi est utilisée la laine? — Qu'est-ce qu'un troupeau? — Qui conduit le troupeau? — Comment les moutons sont-ils nourris pendant l'été? — Qui aide le berger à garder le troupeau? — Qu'est-ce qu'un pâturage? — une jachère? — une lande? — Comment s'appelle le local où sont logés les moutons? — Quelle est la nourriture des moutons en hiver? — La chèvre rend-elle beaucoup de services? — Comment s'appellent ses petits? — Coûte-t-elle beaucoup à nourrir?

XXVIII. — Le porc.

63. Services. — Le porc rend de grands services aux populations agricoles, car pendant sa vie, qui est de courte durée, il transforme en viande et en graisse des aliments de peu de valeur (*fig.* 73).

Fig. 73. — Le porc.

Toutes les parties de son corps sont utilisées pour notre alimentation. La graisse que l'on trouve dans l'intérieur de son corps donne le saindoux; celle qui est déposée sous sa peau constitue le lard; avec son sang, on fait le boudin; ses intestins, ses viscères nous servent d'aliments; ses poils, appelés soies, sont employés pour faire des pinceaux.

64. Nourriture. Engraissement. — Pendant

son jeune âge, le porc est alimenté avec du petit
lait, avec les eaux de la cuisine et les eaux de lavage
de la laiterie, dans lesquelles on ajoute un peu de
son. On alterne ces aliments fluides avec des bouillies un peu épaisses de pommes de terre cuites et
de son.

Pour engraisser le porc, on lui donne une nourriture abondante et riche ; pommes de terre cuites,
farines de grain, délayées dans les eaux de cuisine
et de laiterie.

Fig. 74. — Une porcherie.

L'auge où l'on dépose la nourriture du porc doit
être bien nettoyée après chaque repas. La porcherie
doit être tenue très proprement (*fig.* 74).

65. Conservation de la viande. — Le plus
souvent la viande de porc est conservée pour être
utilisée à la longue suivant les besoins du ménage.

Lorsque le porc est abattu, on laisse raffermir sa

chair pendant douze ou vingt-quatre heures; puis
on la sale. Il faut de 20 à 25 kilogrammes de sel
pour 100 kilogrammes de viande.

Mots à expliquer : population agricole, graisse, saindoux, lard, boudin, intestin, viscères, soies, petit lait, aliment
fluide, bouillie épaisse de pommes de terre cuites, auge.

Exercice oral. — Le porc vit-il longtemps? — Quels
sont les services qu'il nous rend? — D'où provient le saindoux? — Qu'est-ce que le lard? — Avec quoi prépare-t-on le
boudin? — Que fait-on avec les poils du porc? — Comment
nourrit-on le porc pendant son jeune âge? — Ses aliments ont-
ils beaucoup de valeur? — Comment l'engraisse-t-on? — Que
représente la figure 74? — La porcherie doit-elle être tenue
proprement? — Conserve-t-on la viande de porc? — Comment
la conserve-t-on?

XXIX. — La basse-cour.

66. Poules. — Les poules sont élevées dans
l'exploitation pour leur chair et leurs œufs (*fig.* 75).

Une bonne poule
pond de 110 à 150
œufs par an.

67. Poussins.
— Ce sont les œufs
qui produisent les
poussins; mais,
pour cela, il faut
que les œufs soient
couvés par la poule.

La poule couve
ses œufs pendant
vingt et un jours

Fig. 75. Coq et poule.

(*fig.* 76). Les petits poussins qui naissent sont bien
frêles et bien délicats (*fig.* 77). Aussi, la mère ne

les abandonne pas ; elle les défend contre leurs ennemis ; elle leur apprend à gratter le sol, à cher-

Fig. 76. — La poule couve ses œufs.  Fig. 77. — Le poussin sort de l'œuf.

cher leur nourriture, et elle les réchauffe sous ses ailes (*fig.* 78).

La nourriture des poussins se compose de mie de pain ; on leur donne aussi des œufs cuits durs et pulvérisés, de la salade hachée, et, plus tard, des petites graines.

Fig. 78. Une poule et ses poussins.

68. **Nourriture des poules.** — Les poules sont surtout nourries avec des graines : blé, orge, avoine, sarrasin, etc.

En été, on ajoute à cette nourriture des végétaux tendres, tels que des feuilles de salade.

En hiver, on leur donne des pâtées faites avec des

pommes de terre cuites, des farines d'orge, de maïs, etc.

Les poules doivent toujours boire de l'eau pure.

Le poulailler doit être toujours tenu très proprement, car il est fréquemment envahi par la vermine.

Mots à expliquer : poussin, pulvérisé, salade, orge, avoine, sarrasin, pâtée, farine d'orge, eau pure, envahi par la vermine.

Exercice oral. — Avez-vous mangé des œufs? — Quelles sont les différentes parties d'un œuf? — Combien la poule pond-elle d'œufs par an? — La poule nous donne-t-elle seulement ses œufs? — Combien de temps la poule couve-t-elle ses œufs? — La poule abandonne-t-elle ses poussins dès qu'ils sont nés? — Comment les réchauffe-t-elle? — Quelle est la nourriture des poussins? — Comment nourrit-on les poules? — Que leur donne-t-on l'été? — l'hiver? — Comment s'appelle le local où les poules passent la nuit? — Pourquoi le poulailler doit-il être tenu proprement?

XXX. — La basse-cour (suite).

Fig. 79. — Les oies.

69. L'oie. — L'oie est exploitée pour sa chair,

ses œufs et ses plumes ; elle produit une quinzaine d'œufs chaque année.

L'oie couve ses œufs pendant vingt-huit jours.

Pendant la belle saison, les oies sont nourries au pâturage ; on les conduit par bandes dans les champs où elles trouvent des herbes de toutes sortes (*fig*. 79).

En hiver, on leur donne des graines, des pâtées faites avec du son et des pommes de terre cuites.

On les engraisse avec des pâtées de farine.

70. Canard. — Le canard est exploité, comme l'oie, pour sa chair, ses œufs et ses plumes (*fig*. 80) ; la cane peut pondre jusqu'à cent œufs par an.

Fig. 80. — Oie et canard.

Les canetons et les canards doivent être élevés près d'un réservoir d'eau, car ces volatiles aiment à vivre sur l'eau.

Les canards sont faciles à nourrir ; ils mangent volontiers des insectes, des débris de cuisine, etc.

Fig. 81. — Le lapin.

On leur donne des graines et, pendant l'hiver, des pâtées de son et de pommes de terre cuites.

71. Lapin. — Le lapin domestique est élevé
pour sa chair (*fig.* 81); c'est un animal robuste, facile
à nourrir, qui se développe rapidement.

Pendant la belle saison, on lui donne du fourrage
vert et des herbes diverses provenant du jardin.

En hiver, on lui sert du fourrage sec, des racines
de betteraves et de carottes découpées en tranches,
des pâtées de pommes de terre cuites et de son,
quelques grains d'avoine ou d'orge.

Le local où logent les lapins s'appelle le *clapier;*
ce local doit être sain, bien aéré et tenu dans un
grand état de propreté.

Mots à expliquer : plumes, pâturage, pâtée, insecte,
lapin domestique, animal robuste, fourrage vert, fourrage sec,
sain, aéré.

Exercice oral. — Quels sont les produits que nous
donne l'oie? — Que fait-on de ses plumes? — Combien l'oie
pond-elle d'œufs par an? — Combien de temps couve-t-elle
ses œufs? — Comment nourrit-on l'oie l'été? — l'hiver? —
Comment l'engraisse-t-on? — Quels sont les produits que
donne le canard? — Combien la cane pond-elle d'œufs par
an? — Le canard aime-t-il à vivre sur l'eau? — Est-il facile
à nourrir? — Que lui donne-t-on à manger en hiver? —
Quels sont les produits que fournit le lapin? — Comment
nourrit-on le lapin en été? — en hiver? — Comment se
nomme le local où logent les lapins? — Comment le clapier
doit-il être aménagé?

PREMIÈRES NOTIONS SUR L'AMÉLIORATION DU SOL ET LES ENGRAIS

XXXI. — Comment vivent les plantes.

72. Les radicelles des plantes. — Dans le sol, les racines des plantes se subdivisent pour former de nombreuses radicelles.

Ces radicelles pénètrent profondément dans la couche arable et même dans le sous-sol pour y puiser la nourriture nécessaire au végétal; les radicelles du blé, par exemple, pénètrent parfois jusqu'à 1ᵐ,50 de profondeur.

Fig. 82. — Culture dans l'eau.
A droite, radis; à gauche, avoine. Les graines sont supportées par un liège flottant. On aperçoit, sur les radicelles, la coiffe et les poils absorbants. (Expérience n° 7 de l'*Instruction ministérielle* du 4 janvier 1897.)

73. Les radicelles portent

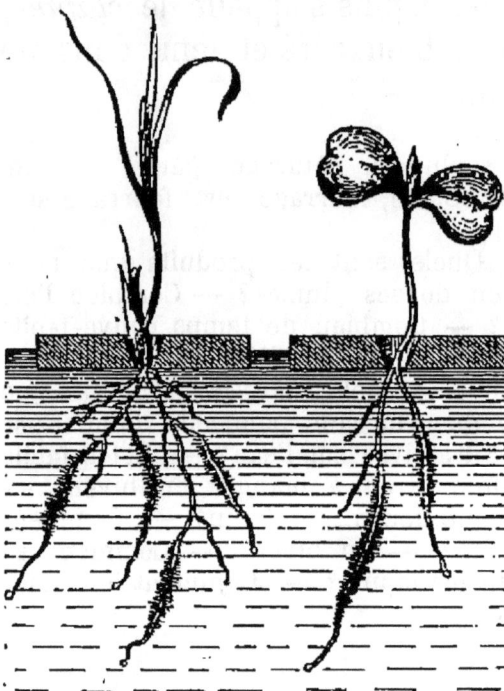

---

1. L'étude de cette *quatrième partie* peut être réservée pour la première année du Cours moyen.

des poils absorbants. — Examinons l'extrémité d'une radicelle (*fig.* 82 et 83). Cette extrémité est formée par un organe appelé *coiffe*; c'est une partie un peu renflée; elle est plus dure que les parties voisines, parce que c'est elle qui doit, en quelque sorte, frayer le chemin à la petite racine.

Un peu en avant de la coiffe, la radicelle est couverte de petits poils qu'on appelle des *poils absorbants*.

Ce sont ces poils qui absorbent dans le sol la nourriture du végétal.

74. Rôle des poils absorbants. — La nourriture de la plante se trouve le plus souvent en dissolution dans les eaux qui imprègnent le sol.

Les poils portés par les radicelles, en absorbant cette eau, absorbent ainsi la nourriture de la plante.

Les poils absorbants se collent aux grains de terre (*fig.* 84); ils

Fig. 83. Fig. 84. — Très
Très jeune jeune pied de blé.
pied de Les poils absor-
maïs. bants se collent
aux grains de terre.

sucent, pour ainsi dire, l'eau qui recouvre ces grains. Ils sont même capables de puiser dans le sol certains principes nécessaires au végétal et qui sont insolubles dans l'eau.

RÉSUMÉ

La racine se subdivise en radicelles. L'extrémité d'une radicelle est formée d'une partie dure ap-

pelée la coiffe. La radicelle, vers son extrémité, est couverte de poils absorbants; ce sont ces poils qui puisent dans le sol la nourriture de la plante.

QUESTIONNAIRE

Qu'appelle-t-on racine? — radicelle? — Les radicelles pénétrent-elles profondément dans le sol? — Comment s'appelle l'extrémité d'une radicelle? — A quoi sert la coiffe? — Qu'appelle-t-on poils absorbants? — Quel est le rôle des poils absorbants?

XXXII. — Alimentation de la plante.

75. Aliments de la plante. — On appelle *aliments de la plante* les principes nutritifs qui sont indispensables au développement de tout végétal.

La plante puise ces principes dans l'atmosphère et dans le sol. Ainsi, par exemple, la plante respire, comme tous les êtres vivants, et absorbe ainsi de l'oxygène.

Nous étudierons seulement les aliments que la plante doit trouver dans le sol.

76. Les aliments que la plante doit trouver dans le sol. — Les principes nutritifs que la plante doit trouver dans le sol, sont : l'azote, l'acide phosphorique, la potasse et la chaux.

Si un seul de ces principes manque dans une terre, celle-ci est infertile.

Lorsqu'un sol renferme en quantité insuffisante l'un de ces principes nutritifs, les plantes qui y croissent acquièrent un faible développement et produisent une maigre récolte (*fig.* 85).

Nous étudierons dans les leçons suivantes les matières que l'on peut introduire dans le sol pour y apporter les principes nutritifs que nous venons d'énumérer ; ces matières sont désignées sous le nom d'*engrais*.

77. L'azote. — L'azote est le plus important des principes nutritifs, parce qu'il coûte cher et qu'il manque dans beaucoup de nos terres.

Fig. 85. — Effet produit par l'absence ou l'insuffisance d'un élément nutritif.

L'azote, à l'état pur, est un gaz. Il existe en grande quantité dans l'atmosphère : 5 litres d'air renferment 4 litres d'azote.

Seules, les plantes de la famille des *légumineuses*, comme la luzerne, le trèfle, le pois, etc., peuvent absorber l'azote à l'état gazeux.

Les autres végétaux de nos cultures doivent trouver, dans le sol où ils vivent, l'azote qui est nécessaire à leur développement.

RÉSUMÉ

La plante puise ses aliments dans le sol et dans l'atmosphère. Les quatre aliments que la plante doit trouver dans le sol sont : l'azote, l'acide phosphorique, la potasse et la chaux. Seules, les plantes légumineuses peuvent absorber l'azote à l'état gazeux.

QUESTIONNAIRE

Qu'appelle-t-on aliments de la plante? — Où la plante puise-t-elle ses aliments? — Quels sont les aliments que la plante doit trouver dans le sol? — Qu'arrive-t-il si un seul de ces aliments manque dans une terre? — Qu'est-ce que c'est que l'azote gazeux? — Quels sont les végétaux qui peuvent absorber l'azote gazeux?

XXXIII. — Le travail de la plante.

78. Ce que la plante fait avec les principes nutritifs qu'elle a absorbés. — La plante est capable de produire des corps très divers avec les principes nutritifs qu'elle a absorbés.

C'est ainsi que la betterave fabrique du *sucre* que nous retrouvons dans sa racine ; le colza fabrique de l'*huile* que nous retrouvons dans sa graine ; la pomme de terre fabrique de l'*amidon* ou *fécule* qu'elle accumule dans ses tubercules ; la vigne produit dans ses fruits un jus sucré que nous transformons en *vin*.

Si les plantes n'existaient pas, nous serions privés de la plupart de ces produits, car elles seules sont capables de les fabriquer.

79. La plante travaille pour l'homme. — L'homme utilise pour sa nourriture les produits fabriqués par la plante.

Les graines du blé lui donnent la farine avec laquelle il prépare le pain. D'autres graines, comme celles du colza, de la navette, lui donnent l'huile ; la racine de la betterave lui donne le sucre ; les fruits de la vigne lui donnent le vin.

Il utilise pour sa consommation les feuilles (chou, salade), les tubercules (pommes de terre), les racines (carotte, navet) des végétaux.

De plus, toute la viande qu'il consomme provient d'animaux qui ont été nourris avec des matières végétales.

80. Durée de la vie chez les plantes. — Certaines plantes, comme le blé, le colza, etc., ne vivent que pendant un an : ce sont des plantes *annuelles*.

D'autres vivent pendant deux années, comme la betterave, la carotte, etc. : ce sont des plantes *bisannuelles*.

Enfin, d'autres, comme les arbres, les plantes des prairies, etc., vivent plusieurs années : on les appelle plantes *vivaces*.

RÉSUMÉ

La plante fabrique des corps très divers que l'homme utilise pour son alimentation : c'est la plante qui produit la farine, l'huile, le sucre, etc.; c'est elle qui nous permet d'élever et d'exploiter les animaux dont nous consommons la viande. On distingue les plantes annuelles, les plantes bisannuelles et les plantes vivaces.

QUESTIONNAIRE

D'où provient le sucre que nous consommons? — l'huile? — le vin? — Montrez que la plante travaille pour l'homme? — Citez des plantes dont nous mangeons les feuilles? — les tubercules? les racines? — Les animaux dont nous mangeons la viande ne sont-ils pas nourris avec des matières végétales? — Donnez un exemple. — Qu'appelle-t-on plante annuelle? — plante bisannuelle? — plante vivace?

XXXIV. — Amélioration du sol.

81. Il faut améliorer les terres médiocres. — L'engrais. — Lorsqu'une terre ne donne pas une bonne récolte, quand elle est bien cultivée, cela tient presque toujours à ce qu'elle ne renferme pas, en quantité suffisante, les principes nutritifs nécessaires au développement des végétaux.

On peut améliorer cette terre en y introduisant des matières qui contiennent les principes nutritifs des végétaux. Ces matières s'appellent des engrais.

L'engrais est la *matière utile à la plante* et qui *manque au sol*.

82. Il faut conserver la fertilité des bonnes terres. — Nos terres donnent chaque année des récoltes.

Or ces récoltes se sont développées en puisant dans le sol des principes nutritifs : l'*azote*, l'*acide phosphorique*, la *potasse* et la *chaux*. Le sol, en produisant une récolte, s'est donc appauvri en ces principes. Sa fertilité a diminué.

Si le cultivateur veut conserver la fertilité de ses terres, il doit leur rendre chaque année, sous la forme d'engrais, les divers principes qui ont été enlevés par les récoltes.

S'il n'opérait pas cette *restitution*, il arriverait que ses terres s'épuiseraient vite ; au bout d'un certain temps, elles ne produiraient plus que des végétaux rabougris et, par suite, de faibles récoltes.

83. Nécessité des engrais. — Les engrais

sont donc nécessaires pour améliorer les terres médiocres et pour entretenir la fertilité des bonnes terres.

Leur effet est mis en évidence par l'expérience représentée dans la figure ci-contre (*fig.* 86) : dans

Fig. 86. — Effet des engrais. A, terre épuisée sans engrais ; B, verre cassé avec engrais.

du verre pilé, additionné d'engrais, les plantes se développent mieux que dans de la terre pauvre.

Nous allons maintenant étudier les principaux engrais employés par le cultivateur.

RÉSUMÉ

L'engrais est la matière utile à la plante et qui manque au sol. Il est nécessaire d'employer des engrais pour améliorer les terres médiocres. Pour conserver la fertilité des bonnes terres, il faut ajouter chaque année au sol les principes qui ont été enlevés par les récoltes.

QUESTIONNAIRE

Pour quelle raison beaucoup de nos terres sont-elles médiocres? — Comment peut-on améliorer ces terres? — Donnez une définition de l'engrais? — Que faut-il faire pour conserver la fertilité des bonnes terres? — Expliquez pourquoi. — Qu'arriverait-il si le cultivateur ne restituait pas au sol les principes enlevés par les récoltes? — Dites à quoi servent les engrais.

XXXV. — Le fumier.

84. Le fumier. Le purin. — Le fumier provient du mélange des *litières* et des *excréments* des animaux.

On emploie généralement les pailles comme litières.

L'urine des animaux constitue le *purin*.

Le purin est la partie la plus riche du fumier.

85. Le tas de fumier. La fosse à purin. — Quand les litières ont séjourné quelque temps sous les animaux, on les enlève pour les conduire au *tas de fumier*.

Le tas de fumier doit reposer sur un emplacement imperméable, garni de béton ou de terre argileuse bien tassée (*fig.* 87).

Il faut avoir soin de recueillir le purin : c'est pour cela qu'il doit y avoir, à côté du tas, une *fosse à purin* bien cimentée. Cette fosse communique par des caniveaux avec l'écurie et l'étable : une telle disposition permet de recueillir le purin et d'assainir les locaux habités par les animaux.

86. Soins à donner au fumier. — Le tas

de fumier peut perdre une grande partie des principes nutritifs qu'il renferme.

Pour éviter ces pertes, il suffit de tasser soigneusement le fumier et de l'arroser régulièrement, chaque semaine, avec le purin. Le fumier, ainsi

Fig. 87. — Plate-forme à fumier et fosse à purin.

soigné, devient noir, compact, et renferme beaucoup d'humus.

Le fumier est un engrais complet, c'est-à-dire qu'il contient les divers principes nutritifs nécessaires aux végétaux.

Néanmoins le cultivateur, pour entretenir la fertilité de ses terres, est obligé d'employer, outre le fumier, d'autres engrais que nous allons étudier.

RÉSUMÉ

La partie la plus riche du fumier est le purin; on le recueille dans une fosse. Il faut tasser le

fumier et l'arroser régulièrement avec le purin,
sinon il perd des principes nutritifs. Le fumier
est un engrais complet.

QUESTIONNAIRE

Qu'est-ce que le fumier? — Quelles sont les matières qu'on
emploie comme litières? — Qu'appelle-t-on purin? — Quelle
est la partie la plus riche du fumier? — Sur quoi doit reposer
le tas de fumier? — Est-il utile d'établir une fosse à purin? —
Pourquoi cette fosse doit-elle être reliée par des caniveaux à
l'étable et à l'écurie? — Quels sont les soins à donner au
fumier? — Le fumier est-il un engrais complet? — Le fumier
suffit-il au cultivateur pour entretenir la fertilité de ses terres?

XXXVI. — Divers engrais.

87. Compost. — Le compost est formé de matières diverses : feuilles, pailles, débris de plantes,
balayures de cour et de ménage.

On réunit toutes ces matières en tas, et l'on y
ajoute parfois une petite quantité de chaux.

Le compost doit être soigné comme le fumier; il
faut le tasser et l'arroser régulièrement.

88. Tourteau. Sang desséché, etc. — Les
tourteaux sont des résidus de l'huilerie.

Les tourteaux qui n'ont pas de mauvais goût
sont de bons aliments pour le bétail; les autres
sont employés comme engrais; ces engrais sont, à
poids égal, bien plus riches en principes fertilisants que le fumier.

Le *sang desséché* est un bon engrais, riche en
azote; il en est de même de la *viande desséchée*,
de la *corne torréfiée*.

89. Engrais verts. — On désigne sous ce
nom des *récoltes* qui sont enfouies, à l'état vert,
dans le sol où elles servent comme engrais.

Il ne faut employer, pour la production des engrais verts, que des plantes de la famille des légumineuses, comme le pois, la vesce, le trèfle, le lupin, etc., parce que ces plantes sont capables d'absorber l'azote gazeux de l'air ; or cet azote ne coûte rien au cultivateur.

La pratique des engrais verts n'est pas à recommander dans les sols riches, parce que cette pratique prive le cultivateur d'une récolte qu'il aurait pu vendre ou utiliser dans son exploitattion.

RÉSUMÉ

Le compost doit être soigné comme le fumier. Le tourteau est bien plus riche en principes fertilisants que le fumier. Le sang desséché, la viande desséchée, la corne torréfiée sont des engrais riches en azote. Les os pulvérisés sont riches en acide phosphorique. Il ne faut employer que des légumineuses pour produire des engrais verts.

QUESTIONNAIRE

De quoi est formé le compost? — Quelle matière ajoute-t-on quelquefois au compost? — Qu'est-ce que le tourteau? — Est-ce un bon engrais? — Citez des engrais riches en azote. — Qu'appelle-t-on engrais verts? — Quelles sont les plantes qu'il faut employer de préférence comme engrais verts? — Pourquoi? — La pratique des engrais verts est-elle toujours à recommander?

XXXVII. — Engrais azotés.

90. Nitrate de soude. — Le nitrate de soude nous vient du Pérou.

Cet engrais ressemble à du sel de cuisine ; il est très riche en azote.

Il est *très soluble* dans l'eau ; dans les terrains perméables, les eaux de pluie l'entraînent facilement dans les profondeurs du sous-sol où il est perdu.

On l'emploie beaucoup en couverture, au printemps, sur les blés jaunis qui ont souffert des froids de l'hiver.

91. Sulfate d'ammoniaque. — C'est encore un sel très riche en azote, comme le nitrate de soude.

Il est fabriqué surtout dans les usines à gaz.

Il est très soluble dans l'eau ; mais la terre végétale le retient facilement et les eaux de pluie ne l'entraînent pas dans le sous-sol.

Cet engrais s'emploie rarement en couverture ; on l'enterre à la charrue ou quelquefois à la herse.

92. Guano. — Le guano n'est autre chose que des excréments d'oiseaux, auxquels sont mélangés des débris de plumes, d'œufs, etc.

Le guano était très employé autrefois. Il existait en grande quantité au Pérou ; il avait été produit par des oiseaux marins vivant sur les côtes de ce pays.

Aujourd'hui, les gisements de guano sont à peu près épuisés. Mais les marchands d'engrais vendent encore, sous le nom de guano, des mélanges de diverses matières, qu'ils préparent dans leurs fabriques.

RÉSUMÉ

Le nitrate de soude est un sel très soluble, riche en azote ; on l'emploie beaucoup au printemps en couverture sur les blés. Le sulfate d'ammoniaque

est un sel riche en azote; on l'emploie rarement en couverture. Le guano est formé d'excréments d'oiseaux; les gisements de cet engrais sont à peu près épuisés.

QUESTIONNAIRE

A quoi ressemble le nitrate de soude? — D'où provient-il? — Est-il soluble dans l'eau? — Qu'arrive-t-il quand on emploie cet engrais dans les terres perméables? — Comment l'emploie-t-on surtout? — D'où provient le sulfate d'ammoniaque? — Les eaux de pluie entraînent-elles cet engrais facilement dans le sous-sol? — Qu'est-ce que le guano? — Est-ce un engrais bien important?

XXXVIII. — Engrais phosphatés.

93. Phosphate naturel. — Dans certaines régions de la France, on trouve des pierres ou des sables qui renferment de l'*acide phosphorique*.

On pulvérise ces pierres ou ces sables et on obtient une poudre très fine qui est vendue comme engrais sous le nom de *phosphate naturel*, ou encore *phosphate de chaux*.

Cet engrais n'est pas soluble dans l'eau; il faut l'enfouir dans le sol à la charrue et bien régulièrement.

94. Superphosphate. — Le superphosphate est fabriqué avec le phosphate naturel.

L'acide phosphorique que renferme cet engrais est bien plus soluble que celui du précédent. Aussi le superphosphate donne-t-il généralement de bien meilleurs résultats que le phosphate naturel.

C'est le plus employé des engrais phosphatés. Il convient dans les sols suffisamment pourvus de calcaire.

95. Os pulvérisés. — Les os broyés constituent un engrais riche en acide phosphorique. Cet engrais est très apprécié.

96. Scories de déphosphoration. — Dans les usines où l'on fabrique la fonte et le fer, on obtient un résidu que l'on pulvérise très finement et que l'on vend comme engrais sous le nom de *scories de déphosphoration.*

Cet engrais, riche en acide phosphorique, convient plus particulièrement dans les sols qui sont pauvres en calcaire.

RÉSUMÉ

Les principaux engrais phosphatés sont : le phosphate naturel, qui provient de pierres ou de sables, très finement pulvérisés; le superphosphate, fabriqué avec le phosphate naturel; les os pulvérisés; les scories de déphosphoration, qui sont un résidu de la fabrication de la fonte.

QUESTIONNAIRE

D'où provient le phosphate naturel? — Comment l'obtient-on? — Comment cet engrais doit-il être employé? — D'où provient le superphosphate? — Cet engrais est-il plus employé que le phosphate naturel? — Pourquoi? — Les os sont-ils de bons engrais? — D'où proviennent les scories de déphosphoration? — A quelles terres conviennent plus particulièrement les scories?

XXXIX. — Engrais potassiques.

97. Chlorure de potassium. — Le chlorure de potassium est un sel; il est soluble dans l'eau.

On le trouve en grande quantité à Stassfurt, près de Magdebourg, en Prusse.

Il renferme la moitié de son poids de potasse.

98. Sulfate de potasse. — C'est encore un sel, qui est aussi riche en potasse que le précédent. On le trouve aussi surtout dans les gisements de Stassfurt.

Le sulfate de potasse, comme le chlorure de potassium, doit être enfoui dans le sol, à la charrue.

On peut employer ces engrais à toute époque de l'année.

99. Les cendres. — Les *cendres de bois* renferment, sauf l'azote, tous les principes que les plantes doivent trouver dans le sol pour leur nourriture.

Elles sont surtout riches en potasse.

Quand les cendres de bois ont été lavées, elles ne renferment presque plus de potasse. Mais les cendres lessivées, qu'on appelle *charrées*, contiennent encore de l'acide phosphorique et de la chaux.

Les *cendres de houille* ou de coke ont très peu de valeur. Elles ne contiennent presque pas de potasse et d'acide phosphorique.

RÉSUMÉ

Les principaux engrais potassiques sont : le chlorure de potassium et le sulfate de potasse, qu'on trouve dans les gisements de Stassfurt, en Prusse. Les cendres de bois non lessivées sont riches en potasse.

QUESTIONNAIRE

Où trouve-t-on le chlorure de potassium? — Cet engrais renferme-t-il beaucoup de potasse? — Citez un autre engrais potassique très employé. — Le sulfate de potasse est-il un engrais riche? — Comment emploie-t-on les engrais potassiques? — Quels sont les principes fertilisants que renferment les cendres de bois? — les cendres lessivées? — les cendres de houille?

XL. — Les amendements. Le plâtre.

100. Amendements. — On désigne sous le nom d'*amendements* deux matières, la *chaux* et la *marne*, qui servent à amender, c'est-à-dire à améliorer certaines terres.

101. Chaux. — Il existe en France un assez grand nombre de terres qui manquent de chaux. Ces terres sont médiocres, car la chaux est un des principes nécessaires au développement des végétaux.

Mais la chaux existe toujours dans le sol à l'état de calcaire. Or la terre ne peut être bonne si elle ne renferme pas une dose suffisante de calcaire.

C'est pourquoi on améliore les terrains qui manquent de calcaire en y introduisant de la chaux :

Fig. 88. — Un four à chaux,

cette opération s'appelle le *chaulage* du sol.

La chaux se prépare en chauffant du calcaire dans un four à chaux (*fig.* 88).

102. Marne. — La marne est une sorte de terre composée de *calcaire* et d'argile.

On conduit la marne dans les terres pauvres en chaux, où elle agit par le calcaire qu'elle renferme.

Les effets d'une marne dépendent de sa richesse en calcaire.

103. Plâtre. — Le plâtre est surtout employé en couverture sur les prairies artificielles, composées de légumineuses : la luzerne, le sainfoin, le trèfle.

On le répand au printemps à la volée par un temps calme; on choisit une matinée humide.

Le plâtre ne produit généralement aucun effet sur les prairies naturelles, les céréales et les plantes racines.

RÉSUMÉ

La chaux sert à améliorer les sols qui manquent de calcaire; on la prépare en chauffant du calcaire dans un four à chaux. La marne est une terre très calcaire. Le plâtre est employé au printemps, en couverture, sur les prairies artificielles.

QUESTIONNAIRE

Qu'appelle-t-on amendements ? — Pourquoi les terres qui manquent de chaux ou de calcaire sont-elles mauvaises ? — Comment obtient-on la chaux ? — Qu'est-ce que la marne ? — Expliquez pourquoi la marne est un amendement pour certaines terres ? — De quoi dépendent les effets d'une marne ? — Sur quelles cultures emploie-t-on le plâtre ? — Comment l'emploie-t-on ? — Le plâtre produit-il des effets sur les céréales ?

TABLE DES MATIÈRES

TROISIÈME PARTIE

Les animaux domestiques.

QUATRIÈME PARTIE

Premières notions sur l'amélioration du sol et les engrais.

SAINT-CLOUD. — IMPRIMERIE BELIN FRÈRES.

www.ingramcontent.com/pod-product-compliance
Lightning Source LLC
Chambersburg PA
CBHW052156090426
42741CB00010B/2287